牛角包一样的会计

淘金记
成功走向资本市场

马津◎著

北京联合出版公司
Beijing United Publishing Co.,Ltd.

图书在版编目（CIP）数据

牛角包一样的会计：成功走向资本市场 / 马津著. — 北京：北京联合出版公司, 2021.3
ISBN 978-7-5596-4913-3

Ⅰ.①牛… Ⅱ.①马… Ⅲ.①企业会计－基本知识 Ⅳ.① F275.2

中国版本图书馆 CIP 数据核字（2021）第 003042 号

牛角包一样的会计：成功走向资本市场

作　　者：马　津
出 品 人：赵红仕
选题策划：北京时代光华图书有限公司
责任编辑：徐　樟
特约编辑：刘冬爽
封面设计：新艺书文化

北京联合出版公司出版
（北京市西城区德外大街83号楼9层　　100088）
北京时代光华图书有限公司发行
北京晨旭印刷厂印刷　　新华书店经销
字数120千字　　880毫米×1230毫米　　1/32　　7.75印张
2021年3月第1版　　2021年3月第1次印刷
ISBN　978-7-5596-4913-3
定价：49.80元

版权所有，侵权必究
未经许可，不得以任何方式复制或抄袭本书部分或全部内容
本书若有质量问题，请与本社图书销售中心联系调换。电话：010-82894445

推荐序
recommend

2003年8月,马津离开德勤(Deloitte)时赠我曾国藩《冰鉴》一书。多年来我每每遇到困惑之时,随即翻之,虽先历而后读,却使我在对事情的判断和冷静思考及对人对事等颇受启迪,也时时体会他当时送我这本书的原因。

时隔十六载,再次见他,虽已不是翩翩少年,但驰骋商界,闻名遐迩,身材健硕,满面佛光,眉宇俊秀,言谈之中,过去种种热血愤青、怒目拔刀之勇均被淡淡一笑取代。

秉直公正,为人谦和,专业精湛,洞察一切,厚积薄发,将会使马津的未来职场及生意之路越来越宽广。

苏国元
德勤中国京津冀协调发展主管合伙人

在这个全球注水（或大水漫灌，或细水长流）、水多面少的时代，只要你还有点闲钱，投资就应该像空气和水一样成为我们生活之必需，以保证我们辛苦挣的钱不被贬值所吞噬，为此每一个人都有必要学习点投资知识，了解一些投资道法。相对于书市林林总总晦涩难懂的投资书籍，这本书是一本适合每一个想学习一些投资知识的人阅读的书。

投资是一门很专业的活儿。专业的事用专业术语讲给专业的人士听并不难，但若要用轻松灵动、通俗明了的语言，把拗口晦涩的专业知识准确完整地表达出来，让每一个外行人都能愉快阅读并深谙其要义，却是一件很有挑战的事，但这本书做到了。因为该书的作者不仅有丰富的、融会贯通的专业知识底蕴，还有深厚的文学功底和给人带来快乐的智慧。

向炎珍
北京协和医院总会计师

2020，一言难尽！

羊本来想安于现状，好好过自己的日子，但是无底线的量化宽松和越来越多黑天鹅的暴击让所有的羊不知所措。所以羊们也希望自己拥有超能力，能够在现实中魔幻羊生，在魔幻里实现自己的羊生之梦。这不是羊的问题！

科学在那里，骗子也在那里。别迷信专家，要学习真知。能把复杂的道理说明白，能坚持说真话的才是好老师。本书作者将自己丰富的投资经验娓娓道来，把风险投资的基本环节和流程抽丝剥茧地完整展示出来。润物于无声，根植于毫末。了解了这些原理并在实践中坚持，也许不能让羊爬上最高的山峰，但至少可以避开太多的风险。

202×，逆流而上！

邵楠

英国特许公认会计师协会（ACCA）华北区事务总监

preface

作为又一个庚子年的 2020 年注定不平凡，除了举国上下共战天灾外，还有不少新闻刷新了我们的认知底线，比如连巴菲特老爷子都表示活久见的美国股市的四次熔断，比如时隔十年的中概股再次接连被美国做空机构狙击。

十年的时间说长不算长，可能很多朋友都会平静地说，十年很快，只是一眨眼的工夫。但这其实是人生之于众生开的大玩笑，请你再想想，十年前你正在做什么？五年前呢？三年前呢？如何？十年还是很快的刹那芳华吗？是不是感受到了时间之刃的冷气森森？

这套书差不多开始于十年前，彼时小熊刚创业不久，流年不利，命运多舛，接连遇上了2009年的全球经济危机和2011年的中概股群体做空事件，生意惨淡，心情郁郁之余，利用专业帮老娘开了个面包店，同时完成了第一本书的创作，收获了第一批读者。十年后，当小熊写完本系列书的第五册《寻羊奇遇记》时，瑞幸咖啡的股价已经跌去了83%，只留下硝烟后的一地鸡毛。

瑞幸咖啡的事情还未平息，做空机构又接连瞄准了爱奇艺、好未来和跟谁学。好未来这家公司小熊比较熟悉，此前是教育市场的宠儿，一路长虹的明星企业，结果做空报告一出，股价马上反应激烈。除去做空机构出于追逐利益的煞费苦心，好像亦有不少引人深思之处。

《牛角包一样的会计》系列的写作缘起，在于给小熊的潜在客户群——广大的民营企业家提供一本快速入门、搭建起初级财务观的扫盲读物。如果能够引起他们的兴趣，可以对财务多一点了解和尊重，则更是意外的功德。小熊曾接触过的很多民营企业家，一方面雄才大略，意气风发；另一方面却不知道有所为有所不为，君子不立于危墙之下的朴素道理。产生这种现象的原因之一就是，他们对于财务缺少敬畏，并且缺少端正的对待财务的态度，认为财务可以欺之以方。

这套书从第一册的写作到第五册的出版跨越了大约十二

年的光阴，在这十二年间，小熊亲身经历了很多企业的起高楼宴宾客和楼塌了，感慨之余，对财务表现出来的 inner power（内力）也更加敬畏。小熊在这套书中不止一次布道说，财务是最有智慧的合作者，你了解它、善待它，真诚地面对它，它也会以其所有回报你。但如果你轻视它、欺骗它、扭曲它，它也会平静接受，但一定会找机会让你付出惨重代价。

很多企业家信心满满地认为资本市场是他们展现风采的舞台，这绝对是个误会，资本市场更像一个血腥残酷的角斗场，资企双方均为角斗士，而正确的财务观和一定的财务知识，则是企业家手中的盾和剑。如果不知学习、无所敬畏，那它也可以变成对方手中的利器。

是为序。

preface

　　《牛角包一样的会计》系列自2015年在北京联合出版公司安家，已然五载，其间风雨多艰，承蒙光海兄及我的编辑正侠兄厚爱，一向温暖鼓励，鼎力支持，在此一并稽首。

　　这套书第二版出版时（2015年），我邀请了九位同辈及同行的朋友助拳为我写序，他们都属于财务行业的中流砥柱，平日戎马关山、黄沙百战，但仍慨然应邀，为我这套浅薄的小书增色颇多，在此也一并感谢一下。

　　第三版为我写序的三位前辈，均为财务行业德高望重的领军人物，与我颇有渊源，他们平日大事如山，一日万几，但也都慷慨捧场，情深义厚，令人感动。

苏先生是我职业生涯中第一位领导和恩师，早年纵横四海，勋业彪炳，又妙在是性情中人，既能红尘快马，亦可沧海观涛，乃是第一流的豪杰人物。如今几近得道，佛心如水，平时即多诲我，此次应我所请，还几番手易草稿，实在令我感愧莫名。

向总会与我相识偶然，由于对文学的共同爱好一见如故，其已为年高德勋的前辈，却仍温润谦冲，每每与我分享读书后的感悟。于我观之，其文字清丽净洁，思考隽永深邃尚在其次，更为难得的是在此焦虑浮躁的年代仍沉心静气，坚守文学。实为人生之大境界。

邵首代与我有着近20年友情，是互相见证成长的老朋友。我近两年与协会多有互动，参加了不少协会的活动，对邵首代不动声色、举重若轻的领导风范颇为佩服，此为优秀leader（领导）之必备品质。此次爽快助拳，文字又流畅秀美，温婉平和，颇令我有意外之喜。

此正是，湖海多风浪，应谢护佑情。

是为序二。

contents

PART 1 / 得与不得

熊老板的时间表 >003

一顾茅庐 >011

分久必合：合并报表都合并什么

兼二顾茅庐（1） >016

分久必合：合并报表都合并什么

兼二顾茅庐（2） >034

PART 2 / 自力更生，还是借鸡下蛋

芝麻开门 >045

风投吃的是哪碗饭 >056

三顾茅庐 >088

秦琼 >091

赌局 >101

PART 3 / 躲猫猫

同与不同——两类尽职调查的共同关注点 >113

比出来的金牌企业之一 >134

比出来的金牌企业之二 >151

比出来的金牌企业之三 >158

PART 4 / 华山论剑

勇敢者的游戏 >169

美国上市和赖子山庄 >174

什么样的人才有资格做游戏 >182

做游戏——IPO 及其他 >191

上市公司的案头工作 >211

曲终人不散，马快好上山 >225

PART 1

得与不得

PART / 得与不得

熊老板的时间表

熊妈妈最近一段时间心情不太好。

按照熊妈妈最初的想法,开一个小小的面包店纯属娱情之举,很直接的目标就是不要让生活过得太沉闷。开店之前的几年,熊妈妈的生活太平静了——正如熊爸爸所说的,每天早上去买早点,吃完了开始想吃什么午饭,吃过了午饭当然要午睡,睡醒了就该想吃什么晚饭,吃过晚饭,看看电视喝喝茶,又该睡觉了。这样的生活,按照孔夫子的说法，那就是吃饭和睡觉。这么听起来，退休倒好像退化了。

让熊妈妈没想到的是，悠闲的时光就像生活中我们身边不重要的小物件，平时总在眼前晃来晃去，等到真的需要它的时候，反倒再也找不着了。

PART / 得与不得

在过去的 5 年里，酥园面包店发展速度惊人，一共在熊市开出了 5 家分店。这其中还包括一家开在熊市高档居住区内的酥庭。（按照小熊和妈妈之前的构想，酥园的店铺分成两个层次：面向平民大众的门店叫酥园，面向更高消费群体的门店叫酥庭。）几年之间，退休工人熊妈妈已经变身为威风凛凛的熊老板。

不过熊老板也为威风凛凛付出了沉重的代价。

熊老板现在的作息时间表是这样的：

6：30 起床。熊妈妈需要在半个小时之内洗漱完毕，整装待发。作为熊老板的生活秘书，熊爸爸此时应该买好早点。熊市的煎饼馃子天下闻名，但熊妈妈一般都吩咐熊爸爸到小区门口的酥园买面包，这也是熊妈妈成功的小小心得。每天一大早店门就已经打开，香喷喷的面包和蛋糕刚刚出炉，还有又热又香的牛奶和咖啡——任谁路过店门口，都会忍不住走进去。小熊曾经为酥园想过一句很煽情的广告语——酥园的面包叫你起床，想表达的也是这个理念——作为衣食住行类服务之一的提供者，比消费者起得早一些实在是应该的。

7:30准时出发。熊妈妈的上午时间一般都在各个店里度过，至于去哪一家店，完全取决于前一天各店经理汇报工作的结果：哪家准备新品上市了，哪家和供货商有了嫌隙和龃龉，哪家的店员需要熊老板出面"修理"一下，哪家客户的投诉越来越多，哪家销售业绩不妙，哪家销售业绩超好……

12:30—13:00是午饭时间。在酥园开张前，熊妈妈每天都有1～2小时午睡的幸福时光。现在别说午睡，能坐着吃顿安稳午饭就不容易了。熊妈妈的午饭一般都在店里吃，赶到哪家店就在哪家店吃，员工吃什么，自己就吃什么。虽然半个小时的时间解决不了什么问题，但是熊妈妈觉得，自己和员工同甘共苦，自己和员工心里都踏实。

下午一般都是业务学习的时间。酥园面包店刚开张的时候，熊妈妈就是负责面点制作的大师傅，后来

PART / 得与不得

店面越开越多,这么多的店只有一个半路出家、自学成才的大师傅显然有点不正规。在这方面,熊妈妈显示出了非比常人的胸怀和魄力。她在第三家分店即将开业的时候,从熊市的两家四星级酒店的西餐厅重金延聘了两位面点师傅作为酥园的主厨。(注:其实熊

妈妈本来是想从五星级酒店里面请的,但是酒店多一颗星,师傅的工资至少涨十个百分点。)专业人员的含金量不同,酥园面包店的面点质量自此也上了不止一个档次,产品的多样化和质量的提高也让熊妈妈有信心开出酥庭。身边有了名师,熊妈妈也乐得有这样好的学习机会。所以下午的时间熊妈妈一般都会和年轻的面点师一道跟着老师傅学点新东西。这也是熊妈妈的理念之一:作为经营者,总得明白自己在卖什么。

晚上各门店经理会和熊妈妈通电话,汇报当天的运营情况与收支数字。按照熊妈妈定下的规矩,当天柜上收上来的现金,第二天一早就要存入她指定的账户;门店经理前一天须预估一下第二天需要的运营资金,熊妈妈再将所需数额打入一个专门的费用账户。虽然这样的办法又土又麻烦,但也透着朴素的经营哲学情调。

各店电话汇报完毕,熊妈妈再算上一会儿总账,等躺下来的时候已经是夜深人静了。从前熊妈妈的睡眠质量很好,熊爸爸常对小熊说:"你妈超过3秒钟睡着都算慢的。"

PART / 得与不得

这么说来，熊妈妈通常是以迅雷不及掩耳的速度入睡的，但是最近她却总是失眠。眼皮一合上，面前就冒出各种各样的数字，脑子里也盘绕着白天没办完的事，顺着想下去，思路就越来越清晰，越来越亢奋，于是想要睡着，就难上加难。看着呼呼大睡的老伴儿，熊妈妈常常轻轻叹气。有时候她还会冷不丁问自己：这么大岁数了还逼着自己忙个不停，是不是有点有福

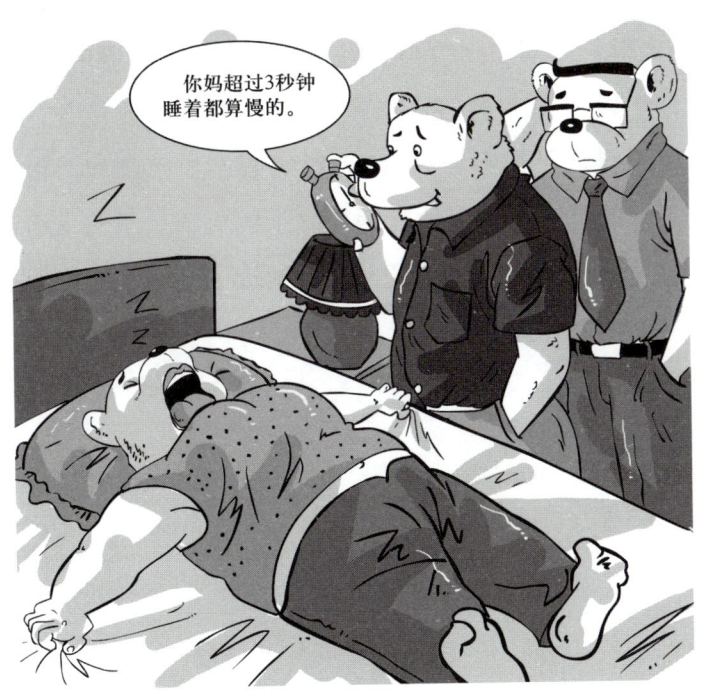

你妈超过3秒钟睡着都算慢的。

不会享？这几年来，酥园就像是自己的另一个孩子，看着它一点一点地成长起来，那种充盈胸臆的喜悦感的确让人振奋，但是为什么自己总觉得生活越来越沉重呢？

熊妈妈家客厅的墙壁上挂着一幅字画——《舍得》。话说小熊某日到某家寺庙游玩，机缘巧合，邂逅了掌院的老禅师，两人谈得投机，老禅师便送了《舍得》这幅字画给小熊。字画上有密密麻麻的注脚，是一段似白非白的偈语："舍即是得，得便是舍，不舍不得，不得不舍。"此刻熊妈妈站在字画前，借着窗外的月光，慢慢地吟诵着画上的偈语。虽然偈语读起来有点拗口，但是反反复复地读了几遍，熊妈妈心中一动，好像明白了什么。

PART / 得与不得

一顾茅庐

小熊最近心情也不太好。烦恼并非因为生意——恰恰相反,经过几年的积淀,小熊的公司慢慢有了些市场认知度,接触的业务越来越广泛,认识的客户越来越具实力,公司业务团队也在不断地壮大……这实在是让小熊欣慰的地方。

他心中的不快主要来自公司的人事关系。按理来说,几个合作伙伴相处了这么多年,不敢说相濡以沫,至少也该默契于心,但是几年下来，之前的一些小矛盾慢慢开始抬头，小小的怨气积压下来变成宿怨。结果就是小熊不得不分出很多精力来处理这些内耗。令小熊郁闷的是，处理的效果并不好，有时还不如置之不理。这一段时间小熊感到了彻头彻尾的疲惫，有的时候手里正写着东西，也会不自觉地停下来长时间发呆，回过神来的时候总是轻轻叹一口气。这里的一草一木、一砖一石都有自己的心血，但是沮丧和失落的情绪涌上心头的时候，他会抑制不住地想：自己是不是该离开了。

生活和工作中一旦有了烦心事，人就很难打起精神来，小熊最近一段时间很少回家，连电话也懒得打了。

还是熊妈妈主动给小熊打来了电话："儿子，最近吉祥吗？要是我不给你打电话，你是不是一辈子也不给我打啊？"

小熊虽然脾气不小，但是在妈妈面前会收敛很多："妈，儿子不孝，不过我最近真是有点忙，还遇到点

PART / 得与不得

烦心事,所以怠慢您了。您怎么样?店里的生意还不错吧?是不是又遇到什么财务问题了?"

"啊?什么烦心事啊?你自己在外面闯荡,可别让妈妈担心啊。我本来是有点事想和你商量商量的,不过你心情不好,我反倒不知道怎么开口了。"

小熊自小就和妈妈无话不谈，母子两个都是心里藏不住话的性格，于是他简要地把自己的烦恼跟妈妈说了说。

电话那边沉默了。但没过一会儿，小熊就听到妈妈在电话那端开始做起了思想工作："要说当时我就说过，再好的朋友也别一块儿做生意，生意是和钱打交道的，和钱打交道久了，人情自然就淡了。而且，朋友在一块儿，有些话能说，有些话得忍着。你又不是那种能忍得住气的人，有矛盾那也算正常。那你有什么打算？你是打算忍着呢，还是忍着呢，还是忍着呢？"

这是一个相声的经典包袱，但小熊还是笑了。他问妈妈："那不然怎么办呢？"（注：人心这东西真是玄妙，偏了一点，再想往回拉，可得费点劲。）

熊妈妈忽然说："其实吧，你这么一说，我想和你商量的事儿反倒好说了，你干脆别干了，来帮帮妈妈吧。"

PART / 得与不得

小熊被这句话吓了一跳,虽然他为妈妈自己打拼出的这个小生意感到由衷的骄傲,却从来没想过自己一个会计师会转行去做面点师。

"妈,您和我开玩笑吧?我学了这么多年的财务,转行去烤面包?就算我同意,我爸也不能同意吧。"

"你这孩子,你上次不是还说,将来要帮我把酥园做上市吗?学财务怎么了?我又没让你到生产第一线去?你不来帮我,我活活累死算了。"

小熊听到妈妈耍赖,心里好笑,他不想在电话里和妈妈争吵下去,于是说道:"这样吧,这不是三句两句说得清的事情。我也不能因为遇到一点小挫折就把经营了这么多年的生意全都抛下。这周末我回家一趟——好久没回去了,这次回去看看您跟我爸,再顺便帮您看看账。"

分久必合：合并报表都合并什么兼二顾茅庐（1）

熊妈妈这次真的要提前安排才找到时间给小熊做顿饭吃，她一边关火，一边擦手道："今晚你爸不回家吃饭，不过这也好，省得他看了生气，你妈可是好久都没有下厨了。"小熊看了看一桌子的菜，忽然觉得这幅画面曾经出现过。岁月如梭，一晃好多年都过去了，回想自己当初开始给妈妈讲会计常识，好像是上辈子的事情。

PART / 得与不得

酒过三巡了,熊妈妈给小熊夹了一口菜说道:"小子,趁你喝醉之前,先看看妈编的合并报表。"熊妈妈说"合并"两个字的时候,掩饰不住地得意了一下。

小熊听了妈妈的话只是笑:"妈,您可以啊!我之前好像都没跟您说过合并报表的事情。"

熊妈妈转身拿出一份报表,递了过来:"嗨,我这不也是与时俱进嘛!你要是不太明白,我给你讲讲?"

小熊微微一笑,拿过妈妈的报表,简单扫了一眼,之后又把报表放下,把酒杯端了起来:"妈,那您给我讲讲,合并报表都合并些什么啊?"

"顾名思义,合并报表当然是把这几家店都合并进来喽,合并着看嘛。现在咱们一共有5家店,你看我这张合并的报表,你就知道咱们每个月的销售收入一共是多少钱,成本一共是多少,一目了然。"

小熊放下杯子说:"妈,其实您想的不能说是错的,这是一种很朴素的对合并报表的理解。在酥园现阶段,您甚至就可以按照这样的方法理解合并报表。就像您做的这份,各个项目全都简单相加,加总后集体相减。可以称为'加计报表'。但这样的理解存在缺陷,如果您今后的目标是上市,那么对合并报表的理解还是应该再全面一些。我今天先给您大概说说在合并报表里面,咱们都合并什么。这是基础问题,至于具体如何去做,等酥园今后有了这样的合并业务——我相信咱们会有——到了那个时候,我再跟您说说合并报表是怎么做出来的。这个过程比较复杂,您这样的管理人员不需要懂得那么细致,道理明白了就行。所谓术业有专攻,这些事情,到时候有的是专业会计师排着队帮您做。"

熊妈妈若有所思地点点头,忽然说:"你不就是专业会计师吗?你来呗。"

小熊想到这几天的际遇,心情一下子低沉下来,无力地说:"什么专业会计师,就是个死会计。"

PART 1 得与不得

"这孩子,就算是,你也不是简单的死会计,你不是英国特许公认的死会计吗?"

小熊被妈妈逗笑了:"死会计还不够?还得是公认的!"

于是,英国特许公认死会计小熊继续对妈妈讲解:

"首先得明确的一个概念就是，合并报表是两个或者多个会计实体的合并，这里面的实体不一定就是法律实体。我举个例子吧，如果有一家公司，它控股了几家子公司及一个集团公司，在进行合并时，需要将子公司及集团公司的会计报表进行合并。被合并的这个集团公司的财务报表本身就是一个合并报表，这个被合并的集团公司就不是法律主体，而是一个会计主体。虽然在会计准则上并不要求纳入合并报表范围的实体一定得是法律实体，但是编制合并报表的时候，总要有一个主体公司，也就是咱们常说的母公司，这个主体公司应该是一家法律实体。

"说完了定义，咱们来说说酥园的情况。目前咱们没有设立公司，只是设立了5家店面，就目前的规模，其实您已经应该考虑设立一家公司了。这家公司就是刚才我说的母公司，在编制财务报表的时候，这家母公司就是报表的主体。设立了这家母公司之后，怎么对下面的这些门店进行管理和合并呢？这些门店相当于是母公司的分公司，虽然都领有营业执照，但是并非独立的法律实体。把同一城市同一母公司的

PART 1 得与不得

各个门店全都注册为分公司——倒也不是没有这么干的——但是看起来实在有点别扭,所以一般而言,咱们可以先在熊市注册一家分公司,这家分公司对下面的门店进行财务核算和管理。刚才我说过了,分公司虽然不是法律实体,但也是会计主体,所以可以合并进母公司的财务报表。以后您的生意越做越大,还可以在不同的城市设立不同的分公司——这家分公司的职能有两个:第一是对这个城市内的直营店面进行统一管理,第二就是财务信息的收集和汇报。

"我看您听了半天也没什么反应,估计是蒙了……这样吧,我画一幅图来说明我对酥园的法律架构的一个想法。好处多多,咱们放一会儿再说。

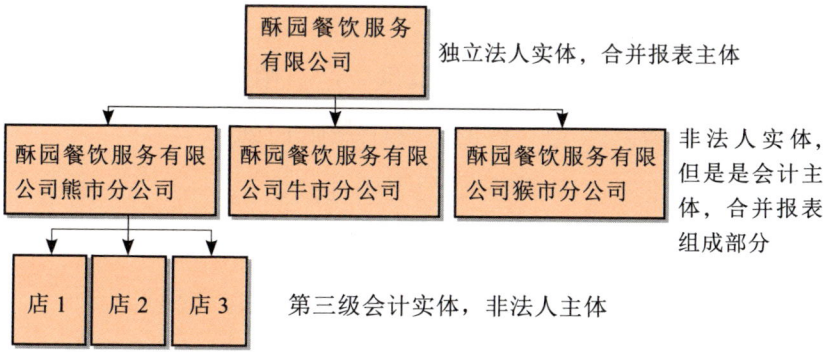

"刚才说的这一大堆都是围绕着酥园的现实情况来说的，那咱们豪横地畅想一下未来——今后也许咱们有机会收购其他公司。举个例子，现在咱们的蛋糕、面包和小西点都是各店自己做的，但是据我所知，世界上凡是有些名气的面包店都有自己的生产工厂，这样一来产品的质量比较稳定，二来可以批量生产，直接成本和间接成本都能省下来一大块儿。（注：大家还记得直接成本和间接成本的区别吗？要是忘记了，再翻翻《牛角包一样的会计：财务专家的开店秘诀》吧。）要是酥园收购了一家生产面包的工厂，那么在什么条件下，酥园才需要把这家工厂的财务信息纳入酥园的合并报表中呢？如果这家工厂的信息最终是需要纳入合并范围的，又有哪些因素需要考虑呢？"

"面包什么的还可以批量生产，咱们的蛋糕可都是老师傅一个一个做的，这个是咱们创牌子的产品，可不能批量生产。"熊妈妈忍不住插话说。

小熊笑了笑道："当然当然，其实我没想过把所有的产品都批量生产，咱们店的蛋糕确实应该秉承一

PART 1　得与不得

贯的手工工艺。我说的是那些可以标准化生产的产品，面包啊，西点啊，蛋糕胚不是也可以吗？这些咱们可以暂时不谈，反正生产什么还不是您一个人说了算吗？我的问题是，若是咱们收购一家或者好多家这样的企业，该怎么判断是否把它纳入合并范围呢？"

熊妈妈说道："你就别卖关子啦！用简单一点的话跟我说——现在岁数大了，谈话内容稍复杂一点就犯晕。"

小熊笑着拿起纸和笔，说道："好吧，咱们还是画图来说——您越来越进步——进步到看图学习的层次了。在画图之前，我先举个例子——这个例子能说明好多事。您知道曾国藩吧？对抗太平军的。他那个时候是流动作战，以长江为战线，一路之上，哪里有窟窿，就去哪里补。太平军有水师，可以沿江作战，曾国藩的水师刚开始的时候比较面，船开到哪儿就在哪儿挨揍。当时打仗一般都设一个大营，也叫老营，是前敌总指挥部。

"除了老营之外，还有不同的行营，那都是老营派出去的机动部队，可以灵活作战的。这里面有朝廷的正规军，也有地方的团练武装——不算正规编制的。好，背景信息交代完了，现在咱们拿这个来套合并报表。曾国藩的老营相当于合并报表的主体公司——母公司。现在老营要进行一下财务核查：哪些兵将枪炮都是属于老营的；打了一个多月仗了，新募了多少兵，损失了多少兵，歼敌多少……这就引出来我们的第一个问题：哪些行营部队才应该列入这个统计。

"现下最新的会计准则提到一个'控制'的标准，如果老营对这个行营有着实质的控制能力，那么就需要纳入合并报表的范围。什么叫'实质控制'？会计准则里的话比较深，是这么说的：'控制，是指一个企业能够决定另一个企业的财务和经营政策，并能据以从另一个企业的经营活动中获取利益的权力。'这里面透着一个'实质重于形式'的概念，这个概念之前我也跟您讲过，就是说，看这个老营是不是对行营有实质控制，不能光看行营里有多少来自老营的兵将，还得看这些兵将听不听老营的指挥，根据老营的

PART / 得与不得

部署来展开军事行动。

"但是实质控制始终有点虚幻,所以会计准则还给出了一个表决权的标准:'母公司直接或通过子公司间接拥有被投资单位半数以上的表决权,表明母公司能够控制被投资单位,应当将该被投资单位认定为子公司,纳入合并财务报表的合并范围。'这个表决权在企业管理上可以理解为关键的管理人员的人数。还拿曾国藩的例子来说。假设曾国藩不知道长沙行营能否被老营完全控制,但是他知道那个行营里的三个军事将领里的两个都是自己的嫡系,那么老曾就可以推断,他对长沙行营是有'实质控制的',长沙行营应该纳入老营的合并范围。当然,如您所知,那个时候没那么民主,不讲究投票,所以只要军事将领是自己人,那对那个行营就是有实质控制的。这点我讲明白了吗?"

熊妈妈点点头:"其实这点东西倒是不难听明白——你不举这个例子我也差不多能懂。我晓得举例子的好处——就算隔了很长时间,回头想想例子,总能回忆个八九不离十。不过还有一点你没讲到。刚才说到半数以上表决权的事,直接拥有表决权这一块明白了,那什么叫作通过子公司间接拥有呢?"

PART / 得与不得

"您这个问题问得挺好,看来您是认真想了。这个问题也好解释。比如曾国藩在武昌有一个行营,主官是王二麻子——这是自己人,所以这个行营肯定是并入老营进行盘点的。但是老曾发现王二麻子在九江还有一支队伍,是在当地募集的新军,这时候老曾得

问问，这支新军的性质是什么，是正规军还是当地的民团，在这支队伍里面到底谁说了算。一问之下，王二麻子说，那是咱们湘军的正规军，领兵的是我手下的参将李二狗，我指哪儿他就得打哪儿，您尽管放心。曾国藩一听这话，行了，这李二狗的兵也都并进来吧。这就是通过子公司间接拥有。如果子公司对孙子公司也有实质性的控制，那么我们就可以推断，母公司对孙子公司有实质性控制。我讲明白了吗？"

"非常明白。不过曾大人这些手下的名字可真威风。"

小熊哈哈大笑："妈，您可真是个老小孩。我说了半天，您专拣没用的挑刺！"

PART / 得与不得

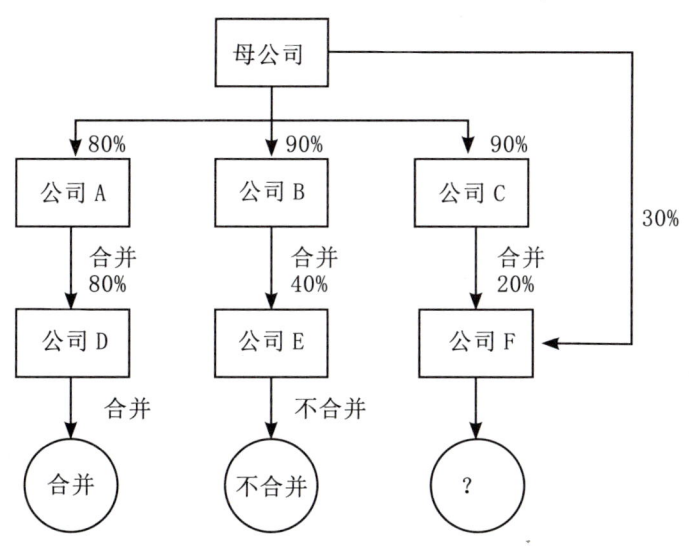

说话间，小熊已经把图画好了。"咱们再总结一下刚才说过的内容。公司 A、B 和 C 很明显都是被母公司直接控制的，就控制比例而言也超过了 50%，所以公司 A、B 和 C 都需要纳入母公司的合并报表内。对于公司 D，因为母公司通过公司 A 间接对于它的控制也超过了 50%（控股比例为 80%），所以公司 D 也纳入母公司的合并范围。但是对于公司 E 而言，母公司对其的控制还不够 50%（控股比例为 40%，间接控制），因此公司 E 不能纳入母公司的合并范围。

公司F比较特殊,母公司对它有直接投资及间接投资……妈,我要考考您,公司F是否要纳入母公司的合并范围呢?"

熊妈妈笑道:"你这个问题还真有点难为老娘,我得寻思寻思。别说话啊!母公司直接投资公司F30%,又通过公司C间接投资公司F20%,也就是说母公司共控制公司F50%(30%+20%)的股份……当然要纳入合并范围呀!"

小熊笑道:"对啦!我很欣慰啊!哈哈。"

熊妈妈长舒了一口气:"告一段落了吗?告一段落了给妈敲敲背——你老也不回来,我这后背一疼,就开始念叨你了。"

小熊站起身来:"这才刚讲一点点您就累啦?好吧,咱们休息10分钟。我回去之后您也得多下点功夫才行。光说上市了,您这当董事长的也得知道个大概的门道啊。"

PART 1 得与不得

"嗨,我这岁数不行了,现在晚上老是睡不着觉,早上又起不来。我就怕将来公司上市了,我这老太太也下世了。"

"妈您别这么说啊!当时您开始做酥园的时候,心态不是很轻松吗?本来是为生活增添情趣的……可

不是添堵的。"

"情趣还是有的,但是力不从心啊,而且我看你爸每天过着爽歪歪的晚年生活,我心理不平衡!我是想,生意现在也算上了正轨了,应该交到你们下一代的手里了。你来帮帮忙,一则让你妈喘口气——这条老命多活几年抱抱孙子;二则给公司的发展注入活力——年轻人的行业,我看他们每天对着我也看倦了;三则反正你现在干得也不痛快,都是生意嘛,干什么不一样?你总说妈妈强迫你转行,但是你跟我说的,天下万物的道理都是一样的,做会计师是服务行业,做面包生意也是服务行业呀。"

这两年没留心,原来妈妈都长了这么多的白头发了——之前妈妈的头发多好啊,又黑又密又亮。小熊站在妈妈背后没说话。

熊妈妈见小熊没反应,就晃了下肩膀说:"走神啦?听见我说什么了吗?"

PART 1 得与不得

小熊轻轻叹口气,坐在妈妈对面:"妈,您说的这些我都明白,不过我们的生意刚刚步入正轨,虽然最近我做得不太舒服,但毕竟公司是自己一草一木搭起来的。

"我知道您的心思,但是梁园虽好,也是别人的梁园,对吧?您放心吧,我虽然不太可能放弃自己的生意加入酥园,但是同样可以做您坚强的后盾!为您提供智力支持和精神帮助!"

熊妈妈听了这话,知道多说无益,也就岔开话题:"行了,咱们继续讲吧。说说合并报表都合并什么?"

分久必合:合并报表都合并什么兼二顾茅庐(2)

"合并报表的设想基于一个简单的假设,就是母公司和纳入合并范围内的子公司的资产、负债、所有者权益及当期损益的累加。但是这个累加有条件,那就是母、子公司之间,各个子公司之间的内部交易和会计事项不能体现在合并报表内。如果双方有交易,这样的交易和事项就需要互相冲抵。

PART / 得与不得

"这是会计书上的话,咱们还用之前的例子解释:

"第一种需要冲抵的情况:母公司对子公司的长期股权投资与母公司在子公司所有者权益中所享有的份额应当相互抵消,同时抵消相应的长期股权投资减值准备。

"话说曾国藩常年打仗,朝廷的供给很多时候跟不上,于是曾国藩以农养兵,投资给王二麻子的行营10头牛。这个时候曾国藩的资产减少了10头牛——曾国藩不能平白无故地就让自己的财务报表瘸着腿,所以把这10头牛记作'长期投资—王二麻子'。对于王二麻子而言,资产增加了10头牛——还记得之前咱们讲过的资产负债表左边的那个柜子吗?(注:见《牛角包一样的会计:财务专家的开店秘诀》内容。)柜子左边的资产增加了,柜子右边的所有者王二麻子的权益也随之增加了,这一块增加的权益是由于曾国藩的投资引起的。

"现在曾国藩要合并老营和行营的财务报表,那么第一种需要互相冲抵的情况,就是曾国藩的'长期投资—王二麻子'及王二麻子记录的所有者权益部分。这两笔账相互抵消了。您可能会问,那10头牛呢?也被抵消了吗?没有,那10头牛合并为曾国藩老营里面的资产。要是您对这一点还没明白,咱们还可以换个角度解释:母公司对子公司的长期投资及子公司所有者权益的增加,可以理解为母公司把自己的资产转移给子公司使用,那么就整个集团而言,牛还是那些牛,不过挪了一个地方而已——没合并的时候,牛在子公司的资产里面核算;合并之后,牛就跑到集团公司的资产里面核算。简单吧?"

熊妈妈眨眨眼睛:"还行,说得我眼前都是牛了,继续。"

"第二种需要冲抵的情况:母公司与子公司之间及子公司相互之间的债权与债务项目应当相互抵消。

"曾国藩除了投资10头牛给王二麻子,还卖鸡蛋给王二麻子的行营。为什么要卖呢?朝廷经费紧张,

PART / 得与不得

所以老营和行营之间只能独立核算，自负盈亏，自己去想辙。假设曾国藩卖了100个鸡蛋给王二麻子，他得在自己的会计报表上记'应收账款—王二麻子'，同时减少自己的资产；王二麻子呢，增加自己的资产，同时记'应付账款—老营'。

"但是这里有个问题：王二麻子买到鸡蛋不是为了收藏，而是为了吃，所以一个星期之后，鸡蛋基本上变成了肥料，进入了王二麻子的当期费用。这个时候曾国藩要求合并会计报表了，此时王二麻子捧出一坨肥料来增加母公司的资产显然不合适。就整个湘军而言，这100个鸡蛋已经在内部消耗掉了，那么在这样的情况下，曾国藩销掉对王二麻子的应收账款，王二麻子销掉对曾国藩的应付账款。两相抵消。

"当然，要是这件事当时真发生了，估计王二麻子不但能销掉自己的应付账款，连脑袋也能一起削掉。

"第三种需要冲抵的情况：母公司与子公司之间及子公司相互之间销售商品（或提供劳务，下同）或其他方式形成的存货、固定资产、工程物资、在建工程、无形资产等所包含的未实现内部销售损益应当抵消。

"先说存货。曾国藩卖给王二麻子100个鸡蛋的

PART / 得与不得

时候其实是加了一些利润的——2文钱一个批发进来，3文钱一个卖给王二麻子。王二麻子买到鸡蛋后没有马上吃掉，于是形成了存货。由于王二麻子付出3文钱才买到一个鸡蛋，所以王二麻子的存货成本是每个3文。但是这1文钱的利润站在整个湘军的立场上看是没有意义的，因为合并的时候，必然不再考虑独立核算，而是把纳入合并范围的主体看作一个整体。就这一个整体而言，摆在曾国藩面前的还是这个鸡蛋，这个鸡蛋所实现的价值增值，是他自己加上去的，自己的子公司还埋了单，所以这样的增值没有实际意义。这样的销售过程，只是一个鸡蛋在老营和行营中的流转。所以在合并报表的时候要把这类交易抵消掉。

"其他的固定资产等都和上面的例子一样，我就不啰唆了——我说那么多，曾国藩也会不耐烦的。

"大抵而言，需要抵消掉的母子公司间的内部交易就是这些。

"其实合并报表还有很多能讲的，要是细细地把会计处理都讲出来，可能得需要些日子。不过我一直认为，作为企业管理者，没有必要关心如此微观的事情：这笔分录怎么做，这张表怎么填……这都是会计的事情。您的第一个目标就是通过我说的这些，大概了解一个合并报表的框架，知道它所代表的真正含义,这就足够了。还有好多大事等着您去决断呢。"

"那第二个目标呢?"

"第二个目标,当然是找一个好会计。"

PART 2

自力更生，还是借鸡下蛋

PART 2　自力更生，还是借鸡下蛋

芝麻开门

小熊第二天很早就起床了——过了30岁，小熊发现了越来越多的生理变化。比如之前他喜欢在深夜干活，夜阑人静，清风如水，不知不觉天就亮了，工作效率也特别高。但是现在这么玩儿可不行，偶尔熬一夜还可以，但是到第二天的下午能把自己活活困死，脸色还发青发黄，一天的精神都不好。之前每逢周末，小熊还喜欢睡个懒觉。不过他楼上有芳邻，练琴一年多，进步飞快，已经可以弹《茉莉花》了，每次小熊被琴声吵醒都一肚子不高兴。但是最近这一年，一到

周末,可以睡懒觉了,反倒睡不着,8点不到就醒了过来,翻个身想多躺一会儿,脑袋就开始沉甸甸地疼,于是只好起床,一边吃早饭一边等芳邻开始日课。

这不,他刚从床上翻身坐起来,就听见妈妈在客厅里打电话。他低头看了看手机:8点10分。按照他对妈妈每天行程的了解,这个时候妈妈应该去店里的路上了。

"儿子起床了?"熊妈妈推门走了进来。

小熊吓了一跳,不由得埋怨妈妈:"妈!这么多年您还是没养成好习惯——进别人房间要先敲门!"

"嗨,你又不是'别人'。"说着转身出去,在门上敲了两下,"这样行了吧?"

小熊笑笑说:"行了行了,您怎么没去店里啊?"

"你不是难得回来一趟嘛!我刚才给店里打电话啦,让他们有重要事情再找我。我中午给你做炒面,

PART 2　自力更生，还是借鸡下蛋

现在得去买菜，一会儿肉就不好了……哦，对了，刚才酥庭那边的小孙经理打电话来说，昨天有个老外去买东西，对咱们的产品很感兴趣，问了小孙好多咱们店的问题。小孙说自己当时特别紧张，磕磕巴巴也不知道说了些什么，不过老外的中文说得那可真叫一个

溜——还带京味儿呢！小孙说，老外临走时留下一张名片，说自己是缝头，老板要是有兴趣，可以打电话和他聊聊。这我就搞不懂了，听过缝衣服、缝裤子的，难道还有缝头的？"

小熊听了哈哈大笑："妈，您的运气来了！这个人八成是风投——'风险'的'风'，'投资'的'投'。人家是来给您送钱来了！"

熊妈妈听得一头雾水："这话咋讲？"

小熊说："虽然我还没洗脸刷牙，但是我很愿意跟您讲讲风险投资的事情，咱们得抓住这次机会啊——这个世界上可不是谁都能拿到风投的钱的。

"风投这个名字其实不是正式的名字，它的英文名字叫作 Venture Capital（VC），venture 是冒险的意思，capital 是资本。这两个词连在一起就是风险投资。风投就是风险投资的简称。既然叫风险投资，您大概也能明白了——对方是在和您对赌，是准备冒着风险

PART 2 自力更生,还是借鸡下蛋

把钱投给您的。"

"这我就不明白了——我也没请他,他为啥不但给我送钱,还甘愿冒着风险?这种毫不利己专门利人的国际友人可真是不多见!"

"妈,他当然不是白给您送钱!他投资进来,自

然有所居心……我还是从风险投资的历史给您讲起吧。

"风险投资起源于美国，兴起于第二次世界大战的后期。美国拥有大量的可以进行投资的资本。传统的投资渠道主要有炒股票和买债券两个。但是买债券利润低（据说年收益率只有区区5%），炒股票就不用说了，风险大，而且平均利润率比起债券投资来也好不到哪儿去（平均年收益率7%）。要是炒咱们A股市场，还可能创出负的年收益率。这个时候，风险投资应运而生。风险投资的资金一般来源于富人或者专门的投资公司，他们募集到一笔资金，找到一个质地好、发展快，但是又年轻、缺乏启动资金的企业或项目，用钱换股份，把钱埋进去，几年之后，可能就会有几十倍甚至上百倍的收益。我给您举两个成功案例来看看风险投资的威力：KPCB是美国老牌的风险投资，它1999年的时候以每股0.5美元的价格投资给谷歌公司1,200万美元，几年之后，当谷歌上市时，这笔投资的回报率是上千倍；1997年的时候，还是这家风险投资公司，花了800万美元投资了一家科技公

PART 2 自力更生，还是借鸡下蛋

司，两年之后，这家科技公司被一家跨国公司收购，800万美元换回了20亿美元。"

"20个亿啊！你妈我从没想过赚这么多钱！你刚出生的时候，我每个月才赚40块，你爸比我多4.5块，但是他每个月烟钱就得十几块。"

小熊笑道："妈，要说您打岔可真是一把好手！这都挨着吗？好了，接下来我说说风险投资对咱们的积极意义在哪里。对于像酥园这样的中小型企业，企业的发展不会一直保持一个快速的势头。原因主要有两个。先说第一个：资金的缺乏。以咱们的店面为例，我看了看您的现金流量，明年如果再开两家店，手头是不是有点紧巴啊？"

熊妈妈有点不好意思："开一家都挺紧巴的。"

小熊接着说："企业若是想保持一个快速发展的势头，充沛的资金就是宝贵的血液。要获得充沛的资金，无非有以下几个渠道：

"**第一，银行贷款**。这条路有好处也有坏处：好处是程序正规，银行贷款给我们的目的也不是想对我们的企业形成控制；而且年利率不会太高，最多12%—15%，这已经是比较狠的了。如果能有关系和资源，我还见过年利率是个位数字的。但是坏处也很

PART 2　自力更生，还是借鸡下蛋

明显，现在银根收缩，贷款需要抵押担保，尤其对于中小企业、轻资产企业，很难通过正规渠道获得银行的信用贷款。而且，如果银行觉得发放的贷款有风险，还有可能抽贷断贷，这样的例子我之前见过很多，那才是对中小企业的致命打击。

"第二，私人融资。一般咱们能找到的都是高利贷，高利贷有多血腥，电视上您看了不少了吧？这是下下策。

"第三，上市。上市其实是比较健康的融资渠道，企业的牌子创出去了不说，要是企业发展前景好，大家都买酥园的股票，不但融资不成问题，就连您都成了亿万富婆——到时候可记得把咨询业务交给我们做——不过现在谈上市还为时过早。此外，上市总体而言还是很难的，目前全球健康活跃一点的资本市场有三个，咱们的 A 股、美国和香港，从审核程序、时间掌握、综合成本而言，美国更合适一点，但是这几年去美国市场的中概股没有过得特别好的，行情好的时候不怎么涨，一有风吹草动整个板块都有极大可能被团灭。等咱们有实力上市时，您看着吧，那些投行的都排着队来跟您说上市的好处。

"第四，风险投资。我虽然把这条融资渠道放在最后说，但是实际上它是相对最合理、最有效率的方式。"

小熊本想先和妈妈说说风险投资给企业带来的不利影响，可转念一想：风险投资对于妈妈来说，实在是太新鲜的事物了，在感情的接受上，可能需要一点时间和勇气，若是此时先把坏处列举出来，妈妈很可能就直接打退堂鼓了。想到这里，小熊决定还是以后慢慢给妈妈灌输风险投资的不利之处。对于年轻人来讲，机会是最重要的，既然风险投资能够给予机会，那它就是好的。但是对于老年人而言，安全却是最重要的，风险投资恰恰缺乏安全，所以不能急于让妈妈了解这方面的内容。不过小熊明白，对于一个企业的管理者而言，总要有勇气和能力去见识、认知新鲜事物的方方面面，只是存在一个时间问题。

PART 2　自力更生，还是借鸡下蛋

想到这里，小熊清了清嗓子道："咱们先总后分，先概括地说说风险投资的工作程序是什么，之后我一步一步地和您详细解释。"

风投吃的是哪碗饭

小熊接着说:"先说第一步,企业联系VC或者VC主动找寻潜在的投资项目,与股东进行会谈。

"一般情况下都是企业主动联系VC的,位置决定态度嘛——既然自己缺钱,想借重别人来发展,怎么态度上也得主动一些。但是有些企业质地很好,获利前景很乐观,这种情况下VC也完全可能采取主动的态度——谁会跟钱有仇呢?比如打算来和咱们

PART 2　自力更生，还是借鸡下蛋

谈谈的那个老外，对于他们来说，客户的来源是不缺的，每天都有大批的企业排着队等着和他们见面，希望得到他们的投资。但是遇到好的项目（还可能遇到几家VC扎堆争抢一个好项目的情况），他们也会主动出击。您看您平时也不知道什么VC、VB的，就是老老实实地做自己的企业，从没想过去和VC融资，在心态上首先就占了上风……看来无欲则刚还真的是颠扑不破的真理。

"如果双方初次见面是积极愉快的，那么在程序上，VC会邀请您进入第二步。这时候您需要准备一些资料和信息，给VC进行一次演讲展示。演讲的重点在于，VC可以通过您短短的介绍，对企业的产品优势、产品结构、盈利能力、管理层对企业的预测，以及管理团队的能力等有一个初步的了解。这样他们才能在后面的谈判中给您一个较为合理的企业估值（valuation）。"

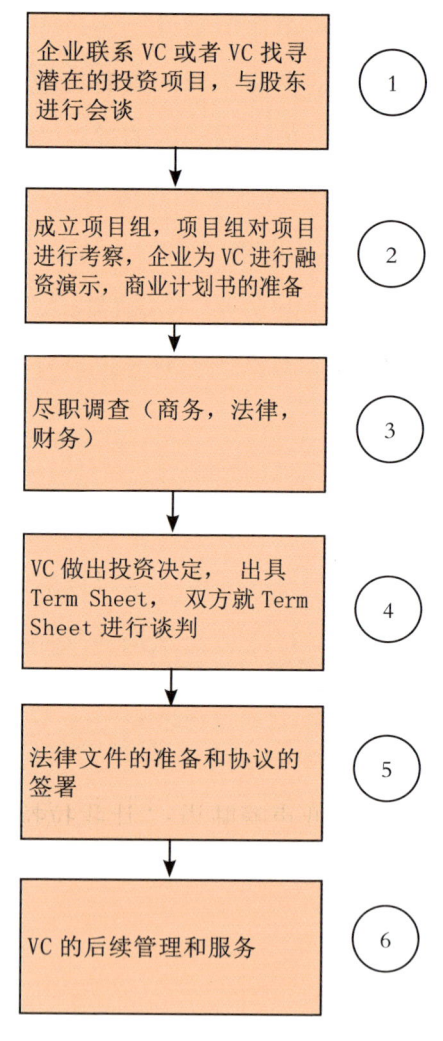

风险投资的工作程序

PART 2　自力更生，还是借鸡下蛋

熊妈妈这时候低声嘀咕道："让我拉拉家常还行，让我演讲那不是等着砸锅吗？"

小熊笑道："妈，这点您大可放心，如果您下定决心准备试一试，我可以去帮您讲。在这方面我体现出了青出于蓝——既可以拉家常，又可以作演讲。其实在这一步的项目演示中，您大可在心态上从容许多。说实话，如果不再开分店，咱们其实并不缺现金，在目前这个阶段上，我估计您也没有考虑一年开几十家店。所以咱们的位置很有优势，进可以攻，退可以守。我建议您把这次和VC的合作当成一次有趣的人生体验，就算不成，将来说出去——我老太太也和VC打过交道，还把VC给拒了！这是多么神气的人生经历啊。"

熊妈妈表示，这是一次惨痛的人生经历的可能性较大。

小熊拍拍妈妈的肩膀，笑道："妈您别这样，这么多年了，难的时候都挨过来了，这点小风浪还能吓倒您这个老水手吗？而且，现在八字还没一撇呢！也有可能您上来就被人家拒了，这么说您平和了吧？咱们继续讲程序哈。如果VC觉得您的情况介绍得不错，他们接下来会内部讨论，同时还会不断地和您开会，从而了解更为详尽的企业信息。在这一段时间里，我估计和VC开会及见面是很频繁的事情。

PART 2　自力更生，还是借鸡下蛋

"会开得差不多了，VC可能会给您出一份文件，这份文件英文名字叫作 Term Sheet，term 是条款的意思，sheet 是表单的意思。我们可以理解为，这是一份 VC 愿意把钱投给您的意向书，这份东西有点像面试结束之后，招聘公司给合格面试者发的一份 Offer（邀请函），都是表明一个接受的态度。您还有权以这份意向书为基础和 VC 讨价还价，但是条款的框架已经大体搭成了。

"下面我简单和您说说 Term Sheet 里面的几个重要概念，之所以简单说是因为：第一，这么短的时间我可能没办法给您讲得特别清楚，现在市面上讲风险投资的好书很多，回头我给您推荐一本，您再自学吧。"

"嗯，还有第二呢？"

"第二就是，其实我也还没搞得太清楚，术业有专攻嘛，我是专业财务人员，说起投资的事，也就是个大概齐。"

"哦，你也不会啊！倒是很少有人能把不会说得像你这么理直气壮的。"

"其实我多少还是知道一点的，不过就算给您讲，也得多少留点余地吧？咱们继续啊。第一个比较重要的概念是公司的估值。这个很好理解，就是 VC 认为咱们的公司值多少钱。这个概念挺重要，直接决定了他准备投给咱们多少钱，以及他会拿走咱们多少的股份。

"对公司的估值方法其实很多，每个公司的情况不太一样，运用的估值方法也不一样。我个人比较欣赏的估值方法叫作 PE 估值法。PE 这个概念，上市公司用得比较多，当然，像我们这样的非上市公司也可以用。PE 是一个比出来的数字，分子是 P，就是 price，股份或者股票的价格；E 是 earning，公司的收益。一般而言，这不太会是一个分数，而应该是一个整数倍数。也就是说，如果这家公司的收益具有持续性，公司的外在价格应该体现为公司收益的倍数。反过来说，如果 PE 是 1，则在给企业作估值的时候，

PART 2　自力更生，还是借鸡下蛋

没有太考虑企业未来的长期持续发展，所以对每股股份或者每股股票定价的时候偏于保守。在中国股市中，很少有公司的PE倍数是个位数字的倍数，我看创业板的那些股票，PE动不动就100多，这100多的PE代表了什么呢？咱们留下这个问题，一会儿再说。对于PE是如何计算出来的，我举一个例子来说明。

"我最近买了一只股票,它的价格是每股 10 块人民币。在买进之前,我看了看这家公司的财务资料,知道这家公司一共对外发行了 1,000,000 股股票,它去年年底的净利润是人民币 50,000 元,那么它的 PE 是多少呢?我有两种算法:

第一种
每股股票价格:10 元
总发行股数:1,000,000
股票总价值:10,000,000
净利润:50,000 元
PE:10,000,000/50,000=200
第二种
每股股票价格:10 元
每股蕴含的收益:50,000/1,000,000=0.05
PE:10/0.05=200

"这两种算法结果一样,区别只是在于第一种是

PART 2　自力更生，还是借鸡下蛋

用企业总的价格（每股股票价格 × 发行股数）除以企业在过去的一年所产生的总的收益；第二种方法用的是股票的单位价值。

"从第二种方法中咱们可以看出点什么？在上面的例子里，这家公司干了一年的时间，每股平均才挣了 5 分钱，可是每股可以卖出去 10 元钱。这有两种可能：第一种，这只股票是活活被炒起来的，庄家和跟庄的股民根本不在乎这家公司的业绩和收益如何，只要有题材和概念，10 块钱也只是起步价；第二种可能就是这家企业太厉害了——就算现在不厉害，未来几年的业绩大家也都特别期待——所以大家都认为现在的高股价有未来的收益作支撑，那么 PE 高一些，也没什么关系。当然，我这个例子有点极端，市盈率（Price /Earning，PE）200 倍的股票，也不会有什么未来的业绩作支撑。

"现在我想您可能已经明白了企业价值（价格）、企业净收益和 PE 之间的关系了吧？这三者是可以互相算出来的。

"接下来再说风险投资是如何计算企业价值的。

"一般而言,风险投资把钱拿给您,无非想今后赚几十倍上百倍的利益,如何实现如此高额的收益呢?一般的途径有两个:第一是上市,第二是并购。并购咱们一会儿再说,先说上市。每家公司上市前,都会根据自己的情况和市场对自己的预期,确定一个上市时的市盈率。所以一般而言,VC在投钱进来给企业进行估值的时候,也会考虑到几年之后,这家企业上市后可能的市盈率会是多少。此时(投钱之时)给出的市盈率一般都会远远低于他们所能预期的该企业未来上市时的预计市盈率。此外,一家企业在上市之前通常会有多轮融资,每一轮融资时的PE倍数都会发生变化,理论上当然是越融倍数越高。

"VC一般在企业估值方面都比较有经验,他们对我们的了解越多,估值的精度就对他们越有利。根据我的了解,对咱们这样的传统行业,VC一般能给出的市盈率为3倍到5倍之间。市盈率给出来了,咱们去年的净利润您是可以提供的,对吧?我想问问去

PART 2 自力更生，还是借鸡下蛋

年咱们的 5 家店一共赚了多少钱？"

熊妈妈道："咱们连这个都要告诉人家啊？我对外一直都说咱们不怎么赚钱。"

小熊笑道："妈，您可真低调！咱们一家一家地开店，您告诉人家咱们不赚钱……会有人信吗？还有，面对 VC 的时候，除非您不想要人家的钱，不然可千万别说咱们不赚钱——您想，谁会给一个不赚钱的企业投钱呢？"

"好吧，告诉你没什么，但是告诉外人的时候还是慎重点。妈妈去年确实挣了点钱，但是不是新开了酥庭吗？光装修就花了将近 100 万呢。我算算啊，去年大概税后挣了 450 万左右吧。"

"好，这 450 万就是咱们去年的收益，假设 VC 给咱们的市盈率是个中位数 4 倍，按照刚才我教您的公式，咱们的企业估值是多少？"

"我算算啊。"

市盈率 = 企业的价值 / 企业最近一年的收益
4= 企业的价值 /450 万
企业的价值 =450×4=1,800 万

"没错,这 1,800 万就是 VC 可能给您的企业估值,也就是他们认为的酥园的价值。虽然酥园每年挣 450 万,但是他们也会考虑酥园的持续获利。您可以这么理解,按照现在的获利水平,要是他们想买下酥园,他们愿意支付未来 4 年的收益。好了,下一个问题,也是他们想问您的,您打算要多少钱?"

"哟,这个问题可有点难了,我怎么才能算出来我想要多少钱啊?"

"这取决于您对酥园未来发展的设想。咱们假设一下,酥园未来一年准备再开 5 家店,每家店开张的固定成本是 100 万,除去这 100 万的固定成本,还得多打出来一点富余的量,咱们还要考虑店开业之后有

PART 2　自力更生，还是借鸡下蛋

一个成长的过程，那么每家店再加 50 万，5 家店每家 150 万，共需要 750 万。

"VC 投钱进来之前对咱们的估值是 1,800 万，咱们需要他们投入 750 万。

"那么，VC 投入了这 750 万之后，他需要在酥园占多少股份呢？如果投资人不是以直接买股东老股，而是采用增资扩股的方式进行投资，这还有另外一个公式：

VC 所占公司股份 =VC 投资部分 /post-money valuation。

"套用一下，VC 公司会占咱们股份的比例是：

750/(1,800+750)=29.4%

"一般而言，这个比例就稍微有点高了。第一，这只是您的第一轮融资，按照常理，出让股权应该控制在10%—20%,您后面还得融呢,得打出来点量。因为每一轮融资下来,您持有的股份就会被稀释一次,您看马云在阿里巴巴也只有7%左右的股份,虽然他还是说一不二的实质控制人,但是也要尊重一下其他大股东的意见。

"第二,融了几轮资之后,VC或者PE可能还会要求您拿出一部分股份来放到一个Option Pool(期权池)作为一笔公共基金。Option是期权的意思,您可能看电视会看到很多新闻,有些职业经理人给上市公司老板打工,如果业绩不错,老板会给他一些期权。什么是期权呢?您可以把它理解为一种承诺,就是给予员工一种承诺,许诺在未来的股票上市之后,可以按照比较低的价格买入这家公司的股票。

"再举个例子。咱们就说咱们自己,比如我给您打工,您觉得我干得还不赖,于是给了我2万股的期权,合同里约定,上市之后,我可以选择一个时间按照1.5元一股的价钱买入酥园的股票。假定上市之后咱们公司的股票被游资爆炒了,炒成了100块钱一

PART 2　自力更生，还是借鸡下蛋

股，那个时候我决定行使合同约定的权利，按照1.5元一股的价格买了2万股，然后转手把它卖了出去。那么我一共赚了多少钱呢？

$(100 \times 20{,}000) - (1.5 \times 20{,}000) = 1{,}970{,}000$ 元

"看到资本的力量了吧？我赚到的这将近 200 万并不是您给我的，而是股民们给我的。

"咱们接着回来说 Option Pool。Pool 是池子的意思，Option Pool 就很好理解了，您要拿出一定比例的股份放在这个池子里，作为一个奖励性质的基金，将来给您的左膀右臂发期权。"

熊妈妈拍了一下巴掌道："对嘛，我觉得这个什么池子的概念很好，别人投资了放在一边不说，将来公司要是做大了，当然有钱一起赚，这方面我不会亏了大伙儿的。"

小熊微微一笑说："妈您能这么想，我很欣慰。全球企业 500 强牛不牛？公司越大，创始人的权力可能就越小——我知道好多大公司，创始家族的成员根本就不在董事会。这里面也有一个制度代替个人权力的含义在里面，一家好的公司，不是依靠一个人而存在，而应该依靠一个成熟的系统而存在，即使人不在，

PART 2　自力更生，还是借鸡下蛋

公司的运营也不会乱。您看西方国家那么多公司动不动就 100 多年的历史，中国有几家超过 100 年历史的公司？您别跟我说公私合营的事，就算没有公私合营，要是总是依靠创始人一个人，这个公司也长不了。此外，您拿一部分股份，您是董事长兼总经理，您还能拿公司的期权，这些都是对您辛苦创业的鼓励和认可。公司越大，股权结构必然越分散，风险投资进来的时候，公司的股权可能会被分离出去一部分。到了公司上市的时候，更多的股东会加入进来，分散您的股权，还可能参与到公司日常的管理和决策中来。这可能有点刺激您的感情，但是您得相信，您的酥园可能只能存在30年，但是大家的酥园可以存在100年。"

熊妈妈扑哧笑了："看你激情澎湃的，倒真是块演讲的材料，不去做律师有点可惜了。"

小熊嘿嘿一笑，自我解嘲说："对，我没去做律师，是我个人的不幸，但却可能是律师行业的大幸。好了，思想交流就到这里吧。刚才说到估值的问题，其实企业在这里面还是有一些腾挪躲闪的空间，比如，如果您不希望对方控股太多，您都有什么办法呢？可能的办法可以从两个方向去想，第一个方向是，让自己企业的估值大一些，也就是说，增加Pre-money Valuation的数额。要想让企业的估值大一些，无非两条路：第一，PE倍数大一些，这个可以在下一步谈判的时候和VC好好谈谈，如果可以谈在10

倍，就是很不错但是可能性不太大的结果了；第二就是净收益大一些，这个没办法了，除非咱们做假账，但是我真的不推荐这样的做法。我们公司常常帮想拿VC的企业去整理报表，对这个我深有体会，每一次我都跟那些私营企业的老板说，最好不说谎，利润本来是多少，就是多少，撒了一次谎，未来可能要再撒十次谎去圆这一个谎，不值得。第二个方向是，让对方投入的钱少一些，这个简单，少要点就是了。之前咱们说的开5家店，咱们保守点，开3家，那么450万也就够了。在这样的条件之下，咱们再来看看您能占多少股份：（投资人以增资扩股方式投资）

PE：10倍

净收益：450万

Pre-money Valuation：4,500万

需要VC投入：450万

VC所占股权：450/（4,500+450）=9.09%

熊妈妈所占股权：91%

Option Pool：15%

您实际所占股权：76%

"您看，要是按照上面这样的算法，结果还算可以接受的，对吧？就我个人的观点而言，只要最终减除掉 Option Pool 之后，创始人可以留下超过 40% 的股权，那么这笔交易就算是比较成功的，因为即使您

PART 2 自力更生,还是借鸡下蛋

拿出了一些股份作为奖励的期权,您和其他的核心管理人员还是可以分走一部分的,这也是您兑现的权利啊。"

熊妈妈轻轻叹口气:"看来天下还真是没有免费的午餐,你想吃别人一口肉,也得把自己的饭盆递过去。"

小熊道:"您这个比喻还真是妙,饭盆还是您拿着——当然这也不是绝对的,要是您的饭盆总端不平,也可能就不让您端了——但是吃的时候得一块儿吃。这就是 VC 的基本理论。"

熊妈妈忽然问:"我有一事不明,VC 肯定也有看走眼的时候吧?万一要是他们看错了项目可怎么办呢?比如他把钱投进来了,但是咱们的生意失败了,公司开不下去了,他们该怎么办呢?"

"您这样的担心是很正常的,风险投资嘛,名字都这么叫了,肯定是有风险的。在进入项目之前,他

们当然对项目已经做过认真的考察了。但是天有不测风云，投资咱们这样的传统行业相对还安全一些，他们若是投资新产业，比如生物制药或者互联网，这样的产业很可能受到政策或者大环境的影响。要是真的这样，VC也有可能和这些创业者一起'光荣'了。当然，为了尽量避免或者减少损失，VC在和企业谈判的时候也会设定一些自救的措施。这些措施也是咱们在后期谈判的时候需要小心一些的，咱们后面再讲。

"如果您和VC就企业估值的问题达成了一致，接下来就是谈Term Sheet了，这是比较实质性的谈判，中间就会说到VC想出来的一些自救的条款。这些咱们现在先不说，等今天我和那个老外通过电话之后再给您继续讲程序的问题。

"咱们跳过上面那两步，先畅想一下未来。您拿到VC的钱之后打算怎么发展酥园？"

"你的思维也太跳跃了吧？话还没跟人家搭上呢，

PART 2　自力更生,还是借鸡下蛋

就开始畅想未来啦?"

"妈,您现在就得有点超前意识,这个老外能找到咱们,说明什么?这是一个积极的信号,说明酥园已经开始被人关注啦。这个老外谈不成,没关系啊,只要您打算走这条路,咱们可以主动出击去找其他 VC 啊。您找到 VC 了,人家说,好,你跟我说说你们要我的钱打算怎么花。您怎么回答?说人家思维跳跃?"

熊妈妈哈哈笑了:"我跟他们说,你先把钱给了再问,不给钱没有权利知道。"

"妈,您别说,您还真有点抢劫的潜质。咱们说点正经的啊。咱们拿了 VC 的钱,想在未来的 3～5 年内保持扩张的速度,有两条路可以考虑,第一,开新店。这个刚才说了,您心里要有一个大致的目标,未来的几年内,我们要开几家店,在哪里开,每家店的开业成本是多少……还记得昨天跟您说的公司的架构吗?您可以在牛市设一个分公司,猴市设一个分公司，之后就敞开胸怀开店去吧——只要管理团队跟得上店面发展的步伐，产品的质量保持水准，开新店只是在复制成功而已，最简单了。

"第二，并购其他企业。对于并购，我们有两种选择，第一种，叫作横向并购，即并购酥园的同类竞

PART 2　自力更生，还是借鸡下蛋

争对手。还记得曾国藩的例子吗？曾国藩并不是战场上唯一和太平军作战的清军将领，北方还有僧格林沁，若是朝廷下旨意'着曾国藩襄赞一切对太平军之军务'，那么就是朝廷替曾国藩完成了一次横向的并购……您听我讲了半天了，也回答我一个问题：这样的好处是什么啊？"

熊妈妈递过一碗绿豆汤："喝点吧，刚起床就侃侃而谈这么半天，我都心疼你了。"

小熊喝过绿豆汤，继续侃侃而谈："这都是当年讲课练出来的——当然，我这慢性咽炎也是那个时候练出来的。闲话休表，您还没回答我的问题呢。"

"我想想啊。很简单啊，好处就是大家都听曾国藩的，军队指挥起来容易，仗就好打了。"

"您说得没错，咱们先暂时忘掉曾国藩。要是站在一个企业的角度看呢？高屋建瓴一点。"

"这个我也明白,强强联合嘛,客户资源可以共享,先进的技术可以共享,还有对方已经培养起来的管理团队可以直接拿过来就用……"

"妈,您说得真对!那不好的地方呢?您想想。"

"要说不好的地方嘛……可能会比较遭恨,以前的老板要是个不错的老板,那他留下的那些员工,可能会在我背后吐口水……"

"妈,您的想象力真强!不好的地方在于,两个不同的企业,管理风格、企业文化、工作流程、产品的控制,这些方面全都存在差异,就整合而言,是一个系统工程,可能需要花费一些精力和时间,这些都是您要考虑的。

"现在再来说纵向并购。协助曾国藩打太平军的社会力量可不少——脚夫、马夫、后勤和船家……话说曾国藩下了一道命令,所有的这些后勤援助人员全部并入湘军的编制,统一作为后勤部队管理,这样的

PART 2　自力更生，还是借鸡下蛋

并购就是纵向并购。现在我想问问您，酥园要是搞纵向并购，咱们会考虑并购哪些企业呢？"

"你都说过啦，咱们可以并购一个生产糕点面包的工厂，这个可以作为咱们的生产基地，还可以并购面粉厂、黄油和奶油生产商、鸡蛋供应商，这是前端的纵向并购，要是后端的并购，还可以并购大型超市……"

"妈，您这几样说得都对，至于是不是并购超市咱们还可以再商量——毕竟对于酥园的产品而言，我们有更为有效和直接的销售渠道把产品送到最终客户那里。基于这样的考虑，并购超市不算是最有效率的考虑。历史上成功的纵向并购案有很多，比如1981年杜邦公司成功并购科诺克公司。科诺克主要经营石油和煤炭的生产与销售，按销售额来说，是当年美国第十四大的企业；而杜邦是老牌的化工企业，它的产品原料来自石油。对科诺克公司成功并购之后，杜邦的原材料的供应有了稳定的保障。在咱们食品行业也有这样的例子，雨润香肠您吃过对吧，2003年的时候，南京雨润收购了哈尔滨肉联厂，这也是一个成功的纵向并购的例子。还有，您要是生产口罩的企业，如果能并购一个生产熔喷布的工厂，万一哪天赶上行情，也许就能市场垄断了。我说了这么多，您能不能再帮我想想，纵向收购的优点和缺点各是什么。"

"优点很明显，你刚才也说过了，如果并购的是上游的企业，那么获得的是稳定的原料供应；如果收购的是下游企业，那么可以对产品的销售形成强有力的支持。坏处嘛，就是收购的这些企业应该都和自己的本行有差别，可能存在着跨行业的问题，术业有专攻嘛，要是收购的是自己不熟悉的企业行业，可能需要投入多得多的时间和精力。"

"妈您总结得真棒！现在的您已经有一些企业家的思维了。往后再加强学习，说不定十几二十年后您也能进胡润富豪榜。"

"那个不是做香肠的吗？它还赞助了一个富豪榜？"

PART 2 自力更生,还是借鸡下蛋

小熊怔了一下,忽然明白过来,哈哈大笑道:"胡润!不是雨润!胡润是一个美国小伙子,来咱们中国淘金的,搞了个富豪榜。"

"哦,我刚才还在想……这倒是个好主意呢。"

"除了上面说的横向收购和纵向收购,还有一种混合收购。是说作为一家企业,收购的企业并不属于自己的业务链,而是一种'多种经营',比如苹果公司收购过皮克斯动画工作室——当然他们两家之间是有渊源的——但是就业务而言,苹果公司生产数码产品,皮克斯生产影像产品,这两家公司的业务没什么内在联系,但是苹果公司的管理层认为投资皮克斯乃是另外一种业外的投资,因为皮克斯的产品确实足够吸引人。

"还有一种混合收购的情况:我有一个客户,本身是做煤炭行业的,但是他们收购了一家连锁餐厅。那天我遇到他们老板,吃饭的时候还谈起这件事,那个老板开玩笑说,收购这家餐厅是因为他们公司

的管理人员都爱吃这家餐厅的菜,买过来,吃饭更方便。"

"你还别说,这倒是个可行的点子,你要是不过来帮你妈,我就把你那个公司收购了。"

PART 2　自力更生，还是借鸡下蛋

"哈哈，那您不是混合收购，是报复性收购……混合收购目前对我们的意义不是太大，所以简单说说，就不细说了。刚才说了四条了，等三五年之后，酥园成长为烘焙业的标杆企业，风险投资或者私募股权（PE）会鼓动您去上市，至于去哪里上市，这都不是什么重要的问题了。等咱们的公司上市成功，他们把手里的股份一变现，拍拍屁股就去找下一家目标企业了。这就是风险投资的投资方式。您把这些都弄清楚了，跟那个老外谈判的时候才能稳操胜券！"

"啊？跟老外谈还得你替妈妈去啊，我也就是听个热闹，你在这一二三四说得挺起劲儿，我都快忘得差不多了。"

三顾茅庐

小熊洗了脸,端了一杯牛奶走进来:"妈,您别老想着把我拉上梁山嘛!我知道您这是信任我,可是我也有心理压力,说到烘焙行业,我可是个标准的外行,给您支支嘴,当当财务方面的参谋还勉强够格,要说到日常管理,我是真干不了。"

"孩子啊,不是妈妈为难你,主要是妈妈老啦,脑子跟不上现在的形势,你看你这两天跟我说的这些,我之前是一点概念都没

PART 2 自力更生，还是借鸡下蛋

有。可我知道这些信息和知识都是好的。要是真的像你说的，这个风险投资的加入对酥园的发展有帮助，我是非常愿意多了解一些，但是我需要些时间慢慢消化，进入状态。我知道你有自己的想法和事业，把你生拉硬拽进来，显得妈妈多少有些自私，不过要是你就此甩手不管，也许人家也就不愿意跟咱们合作了，毕竟他们和我这个老太太说不到一块儿去。你把这个机会说得这么好，说得我心热了，回头再没成，那多可惜啊！而且，你妈也没和那些老外打过交道，说实话，心里一点底也没有。你要是在，起码有个商量的人不是？"

小熊被老太太说得有点不好意思了，赶忙说："您也是误会我的意思了，我真的不是不想帮您，说一千道一万，这也是咱们家自己的生意嘛，我怎么会不希望它好呢？主要是我怕给您帮倒忙。不过您既然这么说了，那我答应您，那个老外我陪您一起去见见谈谈，成不成交个朋友总是好的。后面的事后面再说，您看这样行吗？"

熊妈妈三顾茅庐有了收获，心放了下来，笑道："行，这些都听你的。你接着给妈妈讲讲吧，我给你弄点吃的？"

小熊摇摇头："不了。妈，您不是要去买肉吗？我先给那个老外打个电话，跟他聊几句，也探探对方的虚实。如果他愿意跟咱们见面谈，这事就有门，后面的事情走一步说一步吧！"

"儿子啊，跟老外谈也不要表现得那么热切。这个机会是不错，但是咱们也要保持平常心，成了当然好，不成就拉倒，咱们就这个条件。他要是跟咱们要这要那的，也准保不是一条船上的朋友。你说呢？"

"妈，您这话说得真好。现在我也有了点人生体会，那就是，做生意其实和做人道理相通。生意做不好的人，应该从自己的人生态度和处事方法上找原因。"

PART 2　自力更生，还是借鸡下蛋

秦琼

　　小熊在电话里跟那个老外谈得很愉快。老外的本名叫 John Hoskins，上来就开门见山地介绍自己说："你好，我是 John，我的中文名字叫秦琼。"这个名字把小熊逗乐了："这是谁帮你翻译的名字啊？""哦，我的一个哥们儿，他是北京人，他给我讲了秦琼的故事，秦琼是英雄的化身，我很喜欢那个故事，正好我的名字念起来很像 Qin Qiong，所以他给我起了这个名字。""哦，这么回事，挺好。这是一个好人的名字。我还可以再送

你一个，将来你要是叫秦琼叫烦了，可以用我这个。你姓Hoskins，翻译过来还姓秦吧，就叫秦好思，'好思'也是一个很好的词，是说你喜欢思考，做事认真，不错吧？"

"秦好思？嗯，这个名字我也很喜欢，那我的名

PART 2　自力更生，还是借鸡下蛋

字 John 呢？""那好办，你就叫秦好思，字约翰吧！"

秦琼是地道的美国人，大学毕业之后进了大名鼎鼎的安达信会计师事务所做并购咨询，熬到经理时，安达信轰然倒塌，美国的其他几大事务所三家分晋。秦琼到了新东家那里，不爽于寄人篱下的感觉，于是跳槽去了一家叫作 Asia Partners 的风险投资公司。这家公司有亚洲背景，特别喜欢做亚洲公司的风险投资。秦琼在新加坡待了几年来到中国，立刻被中国文化吸引，再也不提回国的事了。这几年秦琼执掌 Asia Partners 的中国业务，跟公司共同成长，不但娶了一个本地的姑娘，生出来的儿子也有个中国名字叫秦阿大（Adam Hoskins）。也不知这么神气的名字是谁帮他起的，按照这样的顺序排下去，秦琼生几十个孩子也不需要绞尽脑汁地起名字。

秦琼主动向小熊介绍说，他对于酥园的认知乃是来源于几次愉快的惠顾经历。这里的面包、蛋糕品种丰富，不但有家乡的味道，东西还永远都是新鲜的；这里的店面布置明亮温暖，让人进来就忍不住食欲大

增；这里的每个服务员都热情开朗，他甚至发现，只要客人来过几次，服务员都能将其认出来，还能按照对方的口味推荐几样食品；更重要的是，他发现这家店非常具有创新意识及能力——每隔一两周的时间，酥园就会推出一样新食品请顾客品尝。秦琼多年以来养成的习惯就是，遇到一个资质不错的企业，马上就会想到对方是不是有可能被扶植及快速成长的机会。在观察了酥园几个月之后，他相信酥园是一个可以谈一谈的潜在伙伴。

不过好印象归好印象，秦琼做起事情来还是有板有眼。聊了几句之后马上就切入了公司的管理和未来几年的规划问题。小熊暗想，看来这个老外还真是动了心思。于是打起精神，认真回答老外的问题。虽然小熊很少参与酥园的管理，不过每次小熊回家，熊妈妈总会主动地跟小熊说说酥园最近的发展。有的新点子是小熊也想不到的，有的主意则出自小熊——按小熊的话说，虽然我是个外行，但是至少我可以以一个普通消费者的身份来批评批评。所以小熊对酥园的一切并不陌生，虽然有些财务数据问题答复得不是太确

PART 2　自力更生，还是借鸡下蛋

定，但是小熊闯荡江湖多年，自己知道的问题尽情发挥，自己不知道的问题，就会高深莫测地答复一句："很抱歉，这个数据目前还不能提供给你，等投资意向书签订之后，我们一定知无不言、言无不尽。"至于一些前瞻性的预测性的数据，比如管理者对于酥园未来 3 年的销售预期，他会客客气气地答复："我们会制作一份详尽的商业计划书，并在随后的会谈中，和您就上述问题进行沟通。"

你来我往几番问答之后，秦琼放缓了问问题的语速——但是问题却一点也不含糊："你刚才跟我说，酥园是你妈妈一手创办的，对此我深表钦佩，但是作为投资人，我们在考量企业潜力的同时，也很关注企业是否有一个强有力的管理团队。我很想知道的是，除了令堂之外，我还能听听其他核心人员的故事吗？"

小熊一怔，暗说不好——酥园千好万好，只有管理团队不太说得出去。说实话，除了熊妈妈一个人，小熊还真不知道谁还能算酥园核心管理团队的成员。酥园的每家店倒是都有店面经理，但是熊妈妈平日里事必躬亲，那些店面经理基本上只有执行指示的份儿——虽然熊妈妈为人和气，待人热诚。那些人至多算是中层管理人员。

这些想法在脑中也就是一闪念。小熊即开始侃侃而谈——小熊的经验是，面对客户的问题，迟疑思考的时间千万不要超过两秒钟，哪怕开口说的都是废话，也不能一言不发。

小熊镇定地答复："当然没问题，酥园一直都非常重视管理团队的培养，目前店面经理是管理团队的重要力量，虽然在学历方面，并不是每位经理都接受过高等教育，但是他们都在本行业浸淫多年，具有丰富的运营经验。至于核心管理团队，家母是酥园的创始人，虽然她接受教育的程度不高，但是我认为她的成功就是对她的简历最好的注解。她的很多管理理念和思路，都可以在每家店的每一次销售中得到体现。"说到这儿，小熊咬了咬牙，继续道，"此外，我刚刚接手公司的财务工作。我毕业之后曾服务于一家国际会计师事务所和一家咨询公司近10年，几年前作为

PART 2　自力更生，还是借鸡下蛋

合伙人联合创办了一家管理咨询公司，目前在细分领域全国第一。"

秦琼很感兴趣地问："你自己有一家发展得不错的咨询公司，刚才却又说，刚刚接手酥园的财务，我能不能再多问一句，这两份工作的关系是什么？"

小熊心里暗骂，自己想玩玩文字游戏，打算蒙混过关，没想到还是被对方听了出来。

这个时候更是一点都不能犹豫，小熊把心一横，微笑道："这两份工作分别是我的前一份工作和后一份工作。虽然没有哪条规定我不能同时做两份工作，但我还是决定选择酥园，作为我的下一个职业目标。"

这个问题看来回答得还能让老外满意——他没再追问下去，转而谈具体的会面和商业计划的演示了。

小熊暗自庆幸过关，但是想到刚才脱口而出的话，心情又有点沉重起来。其实妈妈早已经三番五次

向自己表示，酥园早晚都是他的，最好越早越好。他也看出了妈妈好像已经有点疲倦了。自己若固执地甩手不管，妈妈就还要继续辛苦下去，这有违自己的做人原则。只是自己辛辛苦苦地做了点事情，现在生意有些眉目了，却要转身而去，总是有些舍不得。虽然做生意的过程中有摩擦、误会及不愉快，但是公司毕竟是在自己手上一点一点成长起来的，就好像自己的孩子，再难看再淘气，也是一份发自肺腑的牵挂——现在要去抚养一个新孩子，虽然又漂亮又乖，但是总觉得有一层隔膜。

这么越想越乱，小熊只好安慰自己说，酥园虽然发展得不错，但是毕竟还小，VC都是无利不起早的，未必看得上这样的小不点。这么想想，心里倒是轻松些了。

熊妈妈回来后，小熊跟她学了一遍舌。熊妈妈听得津津有味，不断夸小熊应对得体。听到小熊回答VC管理团队那段的时候，更是笑眯眯地说："你到底还是想通了，杀敌母子兵嘛，咱们娘儿俩联手，杀他

PART 2 自力更生，还是借鸡下蛋

个干干净净。"小熊苦笑着说："妈，您真当自己是白二奶奶，当我是白七爷啊？不过我既然把话说出去了，当缩头乌龟也不合适，但是我那摊生意也不是说放下马上就能放下的。这样吧，我答应给您做个助手，咱们争取把 VC 的这笔钱要到。我也看出来了，那个老外对酥园很感兴趣。只要他们敢投，咱们就敢要。"

熊妈妈笑道："你这么说，妈妈可就放心了。既然你都来帮妈妈了，课就可以不讲了，对吧？"

小熊笑道："那可不行，桥归桥，路归路，这些您可以不去实践，但是得懂。就算我是您的儿子，酥园也是您的买卖，该学的您还得学。而且，既然决定了走这条路，需要您知道的东西还多了去了呢。您得沉下心来，趁着我在家，多学一些，等今后有实践机会的时候，再一步一步地用理论指导实践。您看过《倚天屠龙记》吧，里面金毛狮王教张无忌武功的时候就是这样，不管三七二十一，先把理论教了，理论掌握了，以后有机会再慢慢实践。"

"嘿，我刚才还高兴来着，这一盆凉水，还带着

冰碴儿的就浇到我心口了。那也得先吃午饭吧,吃完了再讲。"

"先吃饭先吃饭,讲课不给钱就算了,炒面怎么也得管饱吧。"

PART 2　自力更生,还是借鸡下蛋

赌局

"咱们接下来谈谈 Term Sheet 的问题。如前所述,term 是条款的意思,sheet 是表单的意思。Term Sheet 可以翻译成投资意向书,这是意译,直译就是条款清单。要是为求信、达、雅,可以翻译成投资协议条款清单。这是 VC 表达投资意愿而开给企业管理层的文件。在这份文件里,一般会涉及几方面内容(见下图):

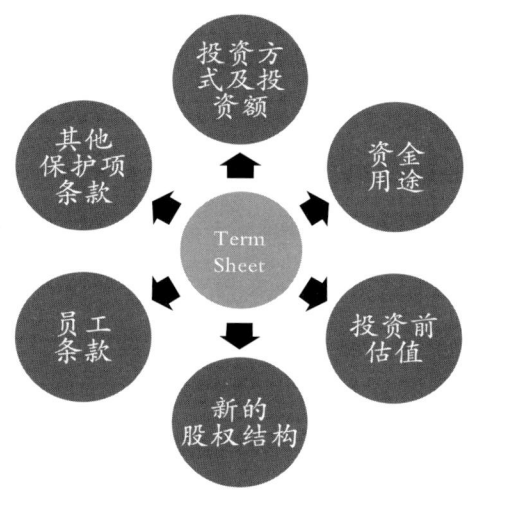

"这几方面内容里面,有关投资额的确定,投资前的估值讲过了。资金的用途最好也提前商量好,一般而言,资金的用途需要在投资协议里明确的列式,这几年经济形势不好,基金风投的钱也不敢随便投出去,就怕遇上心大乱花胡造的老板。所以一般都会把资金用途约定好。新的股权结构也很好理解,当估值和对方的投资额确定之后,股权结构其实也已经确定了。员工条款包括员工保密协议和员工期权的授予这些问题,等到了这一步,我再一条一条地跟您讲。我想说说其他保护性条款这一点。

"保护性条款是 VC 在 Term Sheet 里面设定好的保护自己的条款。这是风险投资对企业不太'友善'的地方。它可以跟您同舟,但是未必做得到共济,一旦发现船漏了,它可能会自己跳船逃生,也可能一脚把您踢下去。当然,对于一个企业而言,人家这么做也不能说不对,毕竟人家不是福利企业,投资的目的也不是为了解救水深火热之中的中小企业。获利并且全身而退,安全地给股东创造最大化利益,才是风险投资的'居心'。每家 VC 的保护性条款都不太一样,等咱们走到这一步,我会考虑帮您请一个专业律师,帮咱们审核一下这些条款。今天只说一条——清算优先权(Liquidation Preference)。

"如果企业顺利上市,那么清算优先权可能用不上,但是万一企业运营不好,清算优先权就会露出狰狞的面孔。总的来说,它绝对不是雪中送炭来的,而是落井下石来的。

"咱们假设一种情景，VC把钱投进来之后，企业运营得不太理想。这个时候VC就开始动摇了，为了避免更大的损失，它也许会开始为企业选择一个好的买家——请注意，到了这个时候，公司创办人的意见未必会被尊重。也就是说，即便公司创办人不想把

PART 2　自力更生，还是借鸡下蛋

自己的公司卖掉，可能也无能为力了。

"举个极端的例子。一家企业卖之前的估值是100块钱，VC投进来40块钱，企业主投入60块钱。企业卖出的价格还是100块钱，并没有实现增值。这个时候VC能拿回多少钱呢？40块钱？不对，这时候清算优先权生效了，按照清算优先权条款的规定，投资人（VC）有权优先于普通股股东（企业主）获得每股购买价格2倍的回报。VC可以获得40块钱投资额2倍的回报，即它可以优先获得80块钱，企业主只剩下了20块钱。2倍的回报对于VC来讲高吗？一点也不高，2倍的回报只能让他们轻轻叹口气，黯然地离开。虽然本金没有受损失，但是宝贵的时间和可以投资更好企业的机会丧失掉了……"

熊妈妈听得全神贯注，这时候才长舒了一口气："这万恶的资本主义！"

"呵呵，这是游戏规则嘛，我倒是觉得这样挺好，先小人后君子，这些条款也是要双方同意才算数的，您答应这份投资意向书的同时,等于是同意了这样的一个对赌的条件。而且,这也取决于您对自己企业的了解和信心,要是您成竹在胸,它设定多少倍的优先权都无所谓。"

"别啊!按你的算法,两倍半我就得净身出户了。"

PART 2 自力更生,还是借鸡下蛋

"合同中的条款签订并不是为了把创始人整死,其实可以算是一把高悬于企业头顶之剑,投资人当然希望顺利退出,这才是皆大欢喜的双赢。要是投资人靠条款来掠夺企业,在行内名声不好,以后他的钱哪家企业敢要啊?哈哈。好,Term Sheet 签订完了之后,整个投资工作已经可以算完成一半了。接下来是另外一场重头戏——尽职调查。终于讲到我熟络的地方了,咱们得好好说说尽职调查这回事。

"尽职调查也叫审慎性调查,英文叫 Due-Diligence,我们行内都简称为"DD"。Due 是'尽到了'的意思,diligence 是'职责'和'勤勉度'的意思。按照字面的解释,尽职调查就是说,作为专业的会计师和律师,他们会尽他们的所能,恪守勤勉的专业原则,协助风险投资公司对目标企业的财务状况与经营成果进行调查。由于财务数据和法律信息都是由目标企业提供的,他们作为独立的第三方,并不能完全知晓所获得的资料和信息是否完整、真实,所以他们发表的意见不是保证性的,而是'尽力而为'。

"尽职调查一般分成两个部分：财务和法律。但是有些公司规模大，经营比较复杂，风投公司可能还会对这样的企业进行其他方面的尽职调查，如客户关系方面的尽职调查，市场方面的尽职调查，或者运营方面的尽职调查等。

"我先简单说说在法律和运营的尽职调查中，律师和会计师一般都关心哪些问题。随后咱们把重点放在财务的尽职调查上，看看投资公司的财务尽职调查有何特别之处。"

小熊停下来看了看听得入神的妈妈，随后郑重其事地说道：

法律尽职调查需要关注的事项：
1. 公司的文件以及注册的手续是否完整，是否符合法律规定；
2. 公司的所有权和股东事项是否清晰明白，是否符合法律规定；
3. 资产所有权是否属于公司，是否不受任何

PART 2 自力更生，还是借鸡下蛋

限制；

4. 公司存在何种负债，有何事项引起该负债，公司是否有能力偿还负债，是否存在期间过长或已经受到法律诉讼之负债；

5. 公司签署的重大购销合同及投资融资合同是否存在重大的法律风险与不可预知的负债。

运营尽职调查需要关注的事项：

1. 企业所处的行业环境，主要的竞争对手；

2. 企业自身的优势，不论是产品优势还是技术优势；

3. 企业对于产品质量和品种的控制；

4. 企业对未来3～5年发展的规划和想法；

5. 管理团队的素养，企业是否有一个高质量、背景强、反应快、有想法的管理团队。

"我在上面列出来的并非风险投资要看的全部内容，事实上他们给您的清单可能要比上面的长很多。这都没什么，如果他们真的要看，我来帮您准备，也别怕麻烦，很多时候，这些信息和资料的准备也是一

个自我展示的好机会。如果您给出的信息完整、充分、有条理、可信，他们会开出一个好价钱。"

熊妈妈擦擦头上的汗道："这两份单子光念念就不短了，还要准备出来啊？你要是不来帮妈妈，我也别做生意了——光给他们准备资料啦。这样也好，资料准备出来啦，酥园也关门了，两头清净。要说老外可真能折腾自己哈。"

小熊站起来伸了一个懒腰笑道："您以为用别人的钱容易啊？我倒是不用您准备什么，可我那点钱对您也没什么用处啊。"

PART 3

躲猫猫

PART 3 躲猫猫

同与不同——两类尽职调查的共同关注点

"就财务类的尽职调查而言,我接触过两种情况。第一种情况发生于企业与企业之间。假设咱们拿到了风投的钱,不打算开新店而打算并购现有的企业,这时候我们需要聘请专业的会计人员到目标企业去实施一次尽职调查。第二种情况发生在咱们现阶段,风投公司初步决定对我们投资了,Term Sheet 也签了,这时候 VC 会聘请专业的会计人员对咱们实施尽职调查。这两种情况之下的尽职调查重点不太一样。

"先说说一样的地方。"

财务报表数据的完整性和真实性

"对于这一点,两种情况下的尽职调查都需要对其进行确认,但这恰恰是最难确认的。有些企业平时就做两套账,一套给税务机关看(外账),一套留给自己看(内账),但是会计师来了,管理层反倒不知道该提供哪套账了。有的企业,说是内外两套账,其实所谓的内账,就是老板随身携带的一个小本儿,就破烂程度而言,和一卷海带差不多,但上面记录的,却恰恰是真实完整的收入数字;还有的企业老板防范意识很强,防会计师如同防臭贼一般。在这样的条件下,会计师想要搞清楚财务数据的完整性和真实性,光靠专业技术还真不行。我做了这么多年的尽职调查,经由惨痛的事实逼出来的经验——在进场之前一

PART 3 躲猫猫

定要企业的管理层和会计师签订一份协议,管理层要承诺向会计师提供完整和真实的财务数据。因为这是尽职调查成功的基础,要是数据不全、不准,尽职调查也就失去了意义。

"一般情况下,除了用上面的法律文件保护自己,

我也会充满感情地和目标企业的企业家推心置腹，告诉他们，只有提供完整的财务信息，我们才能还原出企业真实的画卷。实际上如果这家企业是盈利的，那么提供完整的财务信息对提高他们企业的估值还是大有裨益的，只有和我们合作，才有光明的出路。"

企业是否有重大的现实负债或者潜在负债

"就我个人的了解，中国北方的民营企业情况稍好一些，可是南方有些沿海城市的民营企业家，那可以称得上是'一身虎胆'，连增值税都敢逃。坦诚地讲，当下如果企业从事的是比较传统的制造行业，又不处在具有优惠税率的地区，总体税负的确比较重。但是合理避税和逃税的性质完全不同，因为逃税涉及犯罪，在我国《刑法》第二百零五条有特别详细的规定。税务问题，永远是民营企业不愿提及的问题。这里面有可能有重大的潜在负债问题，这是会计师需要重点检查的。

PART 3 躲猫猫

"还有一种情况,就是很多私营企业老板个人与公司之间存在着大量的借贷问题。如果企业很小,比如一间杂货铺,偶尔资金周转不灵,老板个人拿出积蓄来周转一下,这也合情合理。但若是老板动不动就拿出几百万放进企业里,或者一下子就从企业里拿走几百万,这就很值得会计师关注。这些企业今后就算

做得再好，若想去上市，也得先把个人和公司之间的恩怨了断清楚才行。

"我之前做过一家浙江的客户，老板人很和气，见到我就发烟，全都是3字头的软中华。但是，我一找他要资料，他就很没档次地耍赖皮，比如我找他要现金日记账，他就坦诚地跟我说，这账记得不清楚，他经常从公司拿钱出去，这些都没有走账。我若追问这都是些什么钱，他就更加坦诚地说，比如打麻将、江湖救急，或者个人应酬。正在我哭笑不得之际，他却理直气壮地解释说，其实我并不单单从公司拿钱出去，我有时打麻将赢了钱，也会把钱放回去。言下之意如果他最近手气好，也许公司还欠他的钱。当时我想他家的尽职调查报告倒也好写，就'别买'两个字，或者'谁买谁猪头'五个字足矣。诸如这样的账务往来，都将是尽职调查的重点。"

PART 3　躲猫猫

资产的安全性和所有权

"这一点不管是单纯的企业之间的并购,还是里面掺杂着投资公司,都会是关注的重点,因为资产的质地、状况和所有权的归属直接决定了并购后期双方谈判的价格基础。就我的经验而言,如果是单纯的企业并购交易,那么双方谈判的价格基础往往不在于目标企业过去的销售数字和成本数字,而在于目标企业的资产。因为双方心里其实都很清楚,目标企业所提供的销售和成本数字未必就是真实和准确的。专业的会计师可以质疑对方提供的财务数字,但是很少可以直接推翻对方的数字。那么以这样的一组数字为基础进行谈判,是不会有效率的。

"还有一点要考虑,买家将目标企业收入囊中之后,所有的体系和制度可能都需要进行调节,以契合买家本身的频率和速度,包括采购、生产、销售,可能都需要进行相应的调整,那么目标企业以前年度的销售数字就只能供参考使用,而不能供决策使用。这同时也是单纯的企业之间的并购和有投资公司参与的并购的不同之处，为什么会这样，我等一下再说。

"综上所述，目标企业的资产就变得格外重要。我曾经做过一个并购的项目，是美国的一家企业跑到中国来并购一家民营企业。这家民营企业是我见过的账做得最差的企业之一，完全用手工记账，手工记账还不是我说它差的原因，说它差是因为它的手工账和原始凭证根本对不上，完全是一本凭想象力做出来的账，就数字的大胆而言，老板有着孩子一样天真的想象力。此外，我还时不时地发现账簿里有些页被粗暴地撕掉，问起原因来，老板倒也诚挚，坦然说有些数据不想让税务局看到。据我所知，他们使用的手工账可以实现自由拆装，但是他们的财务人员连拆都懒得拆，账页直接就被硬拽下来。我不得不怀疑他们这么干其实是想让税务人员看出点什么。

"但是当我们把这些情况向买方的管理层汇报时，他们虽然对此情况也很重视，却一再地追问我们对方的资产是否属于他们所有，资产的状况如何。当时我

PART 3 躲猫猫

不是太能理解,但是后来明白了,这家外国公司买下这家私营企业的第二个月,引入了用友系统,之前的财务部彻底换血,还从外面空降了一位财务总监。这些老外看重的是这个生产基地的基础,包括厂房、设备、土地,还有廉价的劳动力和成熟的生产流程。至于之前的账页里会不会被撕掉几张陈年老账,老外才不关心呢。

"但是有一种情况值得关注,我之前还去过另外两家民营企业,他们做的账倒是还能蒙混过关。需要管理层提供什么资料时,虽然速度奇慢,但是还能提供得出来。不过他们有另外一个问题,就是资产的所有权问题没有搞清楚。第一家企业的情况是这样的,当时我去做了一次财务报表检查,账上有几辆车,其中有一辆宝马,车本不是公司的。我问起来,管理层解释说这辆车是客户抵账抵回来的,还没来得及办理过户手续。那么这辆车的所有权就不属于企业,也不应该在企业的资产清单里体现。后来我又去了一趟,来接我的司机开了一辆九成新的丰田霸道,我就随口问他说:'这辆车新买的?'司机摇摇头说不是,据说是人家抵账抵来的。这句话让我想起那辆宝马,于是有点担心地问:'我前些日还看见一辆宝马,不也是抵账来的吗?'事实证明我的担心是有道理的,那司机又漫不经心地说道:'那辆宝马前两天抵账抵出去了。'我当时听了沉默了很久,下车之后我就决定再去好好看看这家公司的资产情况。"

熊妈妈此时听得入神,忍不住插话道:"可是这都应该算企业的资产吧。抵账进来的,客户欠的账都销掉了,企业获得了资产,为什么还不能算呢?"

"妈,您说得没错,实质上这笔交易是完成了,但是这项资产在法律程序上还没有成为企业的资产。说得再透彻一些,这辆车的过户手续如果根本就没办,那么相当于企业白白地销掉了这笔账,要是打起官司来,车还是人家的。所以我们在做尽职调查的时候,资产物权的归属非常重要。

"说完第一家企业再说第二家,第二家企业倒是没有抵账车的问题,但是企业所在的办公楼是老板自己买下的,现在老板也打算把这幢楼作为资产列示在企业的财务报表上。对我们而言,这也是不能允许的,如果企业存在这样的问题,我们会建议企业的管理层把自己名下的资产平价转让给企业(中间最好不要赚取差价,不然还涉及一个个人所得税和增值税的问题)。"(注:我们这本书不是专门说税务问题的,要是大家有兴趣,可以看看财税〔2008〕170号文。)

资产的估值

"不管是单纯的企业之间的并购,还是涉及投资公司的并购,对于目标企业,资产的价值始终是一个争论的热点。(注:下面的例子暂时只谈股权性并购,毕竟这样的并购对于熊妈妈而言更有借鉴意义。大家有兴趣,也可以了解一下资产性并购是个什么样的故事。)咱们假设一种情景,现在您对王二麻子的蛋糕厂感兴趣,打算通过控股的方式来对这家厂实施并购。您和王二麻子谈好的条件是,您将收购这家蛋糕厂60%的股份，那么您需要投入多少钱呢？

"首先，您就得看王二麻子这家厂净资产的数额，咱们之前讲过财务报表的关系，什么是净资产呢？就是资产减去负债，也可以理解为所有者还能在这家企业保有的权益。通过会计师的检查和资产评估师的审核，王二麻子的蛋糕厂净资产为人民币300万元，这300万元对应的股份是40%，那么如果您想控制60%的股份，您该拿出多少钱来呢？一般而言，如果股权投资的PE倍数在上市前通常控制在2—10倍（根据投资的轮数而有所不同，在投资中，别人的钱用的越早就会越贵），那么对应的净资产倍数就会更低一些，比如在这次并购中是一倍，那么300万×60%=180万，是您用来置换王二麻子的60%股份需要付出的对价。这属于买原始股东老股的方式。当然还有一种方式，很多投资人都不喜欢原始股东卖老股，因此会采取增资扩股的方式进行投资，如果评估后的净资产是300万，其对应40%股权，那么您需要再以增资的方式投入450万，从而控股60%股权。

PART 3　躲猫猫

"从上面这个公式您可以看出,目标企业的净资产直接关系到您口袋里的钱,而净资产是由资产和负债决定的,负债的问题咱们刚才已说过,现在就来谈谈资产的价值。

"我们在您开店之初探讨过资产的问题,什么算作企业的资产呢?现金及银行存款、存货、应收账款、其他应收款、固定资产、无形资产,还有长期待摊费用。我一项一项地解释一下在并购的过程中,对方更看重资产的哪些方面。

"现金和银行存款没什么好说的,这些都是流动性很强的资产,哪个企业都不会不喜欢它们。存货要看质地,常年不流动的、虫吃鼠咬、光板没毛的,这些都要减下去才能算数。应收账款是收购方不太喜欢的一种资产,因为这种资产最大的特点就是不确定性,它可以是质地比较优良的资产,也可以成为质地比较差的资产,这个就得具体问题具体分析了。

"前几年有一家在国内创业板上市的公司,应收账款只有一家国内电信行业占垄断地位的企业。这个时候咱们就不能说这项资产质地不好，虽然垄断型企业也有赖账的，但是单就信用度而言，我相信这家上市公司宁可让电信行业企业欠它的，也不愿意让酥庭欠它的。我还见过一家企业，应收账款也只有一家客户，这家客户就规模而言，虽然和垄断还有距离，但也是不小的一家企业。不过也有一个比较致命的问题，就是应收账款是这家企业的主要资产，主要到什么程度呢？这家公司是搞贸易的，没有存货、没有无形资产，固定资产只有几万块钱的办公设备，至于现金和银行存款，我看还没我账户里的钱多。对于这样一家公司，应收账款的质地就值得多打几个问号。这么大的应收账款，什么时候才能收回来？有没有不太真实的部分？还能不能收回来？

"其他应收款咱们之前说过，'其他应收和其他应付是两个筐，什么都能往里装。'既然什么都能装，很多企业的老板也都不客气，比如之前我提到的那位拿着公司的钱去打麻将的仁兄，他从公司把钱拿走的时候，公司的会计应该怎么记账呢？"

PART 3 躲猫猫

借：其他应收款

贷：现金 / 银行存款

知识链接

借和贷

借和贷都是什么意思，我认为即便是会计

从业人员，可能也有不太明白的，他们肯定知道资产增加要记在借方，负债增加要记在贷方，但是为什么是这样的呢？这个问题之前有好多朋友问过我，由于借贷记账法不是我发明的，所以我所说的也并不权威，只是我自己的想法，大家批判地参考吧。

我们不妨都站在企业的角度来理解，"借"是借进来，资产增加，可以理解为我们借进了资产，所以记在借方。这些资产是找谁借的呢？肯定是找股东借来的。"贷"是什么意思呢？我每天都能接到银行的电话，千方百计地鼓励我办理各种各样的信用卡。信用卡的英文名字是 Credit Card，那么我们可以把"贷"理解为 Credit Card 一样的东西，贷方增加，相当于我们刷了我们的 Credit Card，从而欠下了别人的钱，这欠下的钱有供应商的"应付账款"，政府的"应交税金"，员工的"应付工资"，还有银行的"长期以及短期借款"。所以贷方增加的时候，我们的负债也增加。同样的道理，贷方增加的时候，所有者权益也增加，这个也好理解，站在企业的角度，当所有者权益增加的时候，企业也同时背上了对股东的债务，所以当所有者权益增加的时候，也记在贷方。

上面说的是资产负债表的部分。损益表也可以按此道理来理解，当销售收入增加的时候，企业对股东的债务也增加了，因为如果企业是获利的，那么利润将以归还债务的形式还给股东，所以销售收入增加的时候，记在贷方。对于费用和成本而言，它们乃是对销售收入的抵减，是企业据以减少对股东负债的手段，所以它们的增加，也可以理解为企业的资产增加了，所以要记在借方。

"说完了这些，回到上面的会计分录，大家想一想，其他应收款的增加为什么要记在借方呢？

"假如这位企业家的麻将技术不错，那么这笔其他应收款有希望收回来，因为据他自己宣称，如果赢了钱，他是会把钱还给公司的。但若是他的运气持续不佳，这笔资产的质地就令人担忧。这笔钱如果只是麻将钱，其实还不是最让人担心的。很多企业的老板都把自己的企业当成提款机，慢慢地把企业的钱挪到外面去，他们不懂得更高明的转让定价或者资本架构的变换，只能采用这种相对直接的方法，造成的后果是，这部分资产看上去很大很美，但实际上已经是一个无法弥补的黑洞。

"接下来说固定资产。固定资产是在企业并购过程中双方最为看重的部分。不管目标企业是生产制造类还是科技研发类，固定资产的价值直接决定企业的价值。

"企业的固定资产一般分为两类：一类是土地及土地上面的建筑物；一类是设备，其中包括生产设备和办公设备。

"对于固定资产的估值，一般是由专业的资产评估师事务所来进行的。资产评估师的工作方法和财务人员不太一样。财务人员一般都按照历史成本来记录固定资产的价值,历史成本很好理解,当年多少钱买的,就按照多少钱入账。而资产评估师则是按照资产的市场价值和经济使用寿命来进行资产的考量。举个简单的例子吧,假如企业在开办之初买了一套设备,这套设备在买入的时候很便宜,可能只花了5万块钱。那么在财务人员看来,这套设备的成本是5万,企业认定的设备的折旧期限是3年,在资产评估之时已经使用了2年,那么在财务账簿上,这项设备的价值是(假设该设备无残值):

设备账面价值:5万
使用期限:36个月
2年累计计提的折旧:$5/36 \times 24 \approx 3.33$(万)
设备剩余净值:$5-3.33=1.67$(万)

"但是在资产评估师看来,这项设备在评估之时的市场价值高于购买时的原值,或者资产评估师认为这项资产至少还可以使用5年,这些情况在实际的资产评估过程中都有可能出现。那么资产评估师有可能按照市场价值来对这项资产进行重新估值。

"当然这样的调整也并非每一次都有道理。我做过一家企业，厂房都是企业自建的，包括生产车间、宿舍、食堂，当然也包括厕所。评估师的评估报告递交上来，老外看了一眼就怪叫起来，我凑上去一看才知道，原来这家企业自己盖的厕所被评估师评为人民币5万元。老外摊开手问我，难道厕所里面的马桶是镀金的吗？我倒没好意思告诉他，我只看到厕所里乃是青砖铺起的蹲坑，哪里来的镀金马桶？原来评估师按照他们职业的工作方法，在考虑了厕所的建造成本的同时，也考虑了厕所的使用寿命以及其所占土地的公允价值。"

小熊说完，端起桌子上的水一饮而尽："一样的地方终于说完了。我说了这么多，您都能记得住吗？"

熊妈妈轻轻叹口气说："你看我这迷离的眼神，像是记住了什么的样子吗？你这样的填鸭式教学，我也就是听个热闹。不过呢，就说听了听热闹吧，也比

PART 3 躲猫猫

之前敞亮多了,现在不像之前,想起什么风投啊、并购啊,心里就没底。"

小熊哈哈大笑说:"妈呀,您这个心态应该反过来才对,那些什么基金啊、风投啊,都指望着从您这儿发财呢。要是没有成长性和质地良好的企业给它们提供源源不断的现金流,它们也得愁死。"

比出来的金牌企业之一

"上一小节主要谈了企业之间的并购与涉及基金或投资公司的并购这两种并购行为,以及在购买方对目标企业实施财务尽职调查时,考虑相同的几点。不论并购的形式是怎么样的,目标企业财务信息的真实性和完整性,企业潜在的负债和风险,企业资产的安全性和所有权,以及对目标企业资产的估值,都是值得购买方多加注意的地方。

"妈,刚才说了这么多了,您还知道我

在说什么吗?"

"我就记住一个金马桶的故事……"

小熊:"……"

"下面咱们说说不同的地方。其实我刚才已经说过一点了,对于企业之间的并购而言,很多企业想买一家企业,并不太关注对方的赢利能力。它们所做出的购买决策,可能是基于几种考虑,比如,想通过并购的方式消灭一些竞争对手,想利用目标企业的生产厂房与设备,想打入目标企业所在地的市场,看中了目标企业管理团队或运营团队的能力和在当地的影响,等等,这些可能是它们更加看重的因素。

"与之对应的,如果一家基金或者投资公司介入到了并购中,那么它们可能会考虑目标企业的一些关键性的财务指标,因为它们出钱帮助企业完成并购,也是希望在最短的时间内,让其所扶植的企业迅速成长壮大,从而能够达到上市的要求。所以对它们而言,企业的赢利水平也是很重要的一个考量指标，如果目标企业在历史上就不挣钱，企业管理层对未来的前景预测也不好，那么即使这家企业的资产状况良好，账务清楚，基金或者投资公司也不会太感兴趣。它们投资的周期都很短，最多三五年，所以对它们而言，马上就能赚钱的企业才是它们最感兴趣的企业。

"财务报表的分析可以帮助基金或者投资公司获知目标企业的质地状况。

"在财务报表的分析方法中，我个人比较偏爱比率分析法。原因有下面几条：

"第一，比率分析可以覆盖财务报表尽可能多的内容。据我所知，常用的财务比率有30多种，当然，这么多种我说完了您也记不下来，所以我们只说关键的几种。由于它的种类多，所以对于财务报表使用者而言，不管他想考量企业的哪些指标，均有对应的比率可以使用。

PART 3 躲猫猫

"第二，比率分析可以站在一个相对的高点，俯瞰财务报表。我刚入行的时候，喜欢翻客户的凭证，挑到一点记账错误，就欢天喜地的去报告领队。带队的大姐后来实在看不下去我的浅薄，曾经专门就此事和我谈了心。她以亲身经验谆谆授我，从此我知道，不管想成为一个高明的审计师或是会计师，一定要从烦琐的细小的账务中超脱出来，站在一个相对的高点，这样，财务信息之间的脉络才能明白呈现。后来我看了《侏罗纪公园》，加深了我对这个理论的认同。电影中有一个场景是这样的，一群人被迅猛龙追赶，跑进了一片深可没人的长草地。这时候镜头变成从空中向下拍，观众可以很清楚地看到几只迅猛龙从四面八方包抄过来，但是身处长草之中的那些人无可知晓这样的画面，所以只能被当作自助餐。

"第三，比率分析还可以辅助未来的财务预测。就一个相对成熟的企业而言，只要不是内部有重大变故，或者外部有政策的改变时，一般都能在一个时间范围之内保持一个相对稳定的状态。财务比率虽然是对过去财务信息的分析，但是从这些比率之间，也可以看出企业在未来的一段时期的赢利和成长状况。"

"那么值得关注的主要财务比率有哪些呢?"熊妈妈问道。

"一般而言,主要的财务比率可以按照类别来分,

分为四大类：第一大类，流动性比率；第二大类，经营效率比率；第三大类，获利能力比率；第四大类，资本结构比率。

"咱们一点一点地说：第一类：流动性比率。先说说流动性比率可以解释什么问题。流动性比率解释的是企业的短期偿债能力。就企业而言，资产多大并不是最重要的问题。我之前做过多家民营企业，企业老板说起来都是几千万甚至上亿元的身家，但是当你看过他的财务报表，才知道其中很多资产都是僵尸资产。所谓僵尸资产，就是不能随意流动的资产，比如，土地和地上的建筑物，生产设备，大批的应收账款。它们就好比企业的躯体和肢干，但是企业要是想行走起来，单靠躯体和肢干是不够的，它们还需要充分流动的血液。流动性比率即是用来测试企业有多少血液，这些血液是否可以满足企业的运营和发展的重要比率。

流动性比率 → 经营效率比率 → 获利能力比率 → 资本结构比率

"这一类的比率我们只说两个最重要的：一个叫作流动比率，还有一个叫速动比率。这两个比率之间根据对企业流动资产的要求有一个递进的关系。流动比率的要求稍微宽松一点，速动比率的要求要严格一点。

"先说流动比率：

流动比率 = 流动资产 / 流动负债

"这个比率的含义是，目前企业所拥有的流动资产是否可以足额清偿企业的流动负债。流动负债是企业目前需要优先考虑的债务问题，如果这些债务到期不能清偿，可能就会影响到企业的持续发展。企业不论是还银行的钱、供应商的钱、员工的钱，还是政府的钱，都不能动不动就打自己土地和设备的主意，除非这个老板心灰意冷，打算清盘不干了。所以用以偿还这些短期债务的，也应该是企业里变现能力比较强、流动性比较好的资产项目。"

知识链接
流动负债与流动资产

流动负债在资产负债表右边负债部分的上半部，主要包括短期借款、应付票据、应付账款、预收账款、应付工资、应付福利费、应付股利、应交税金、其他暂收应付款项、预提费用和一年内到期的长期借款等。

流动资产是指可以在一年或者超过一年的一个营业周期内变现或者耗用的资产，包括现金及各种存款、短期投资、应收及预付货款、存货等。与流动资产对应的是固定资产和无形资产，这些资产项目是不能随意变现的，所以在企业中，它们只能算作躯体和肢干。

"流动比率的比值要多大才算是合理的比值？一般而言，如果这个比率是2，也就是企业的每一份流动负债都有2份流动资产与其对应，那么这个企业的流动性就算是比较健康的。如果这个比值过小，比如是1，也就是说，企业的流动资产刚刚可以偿还流动负债，这就有点危险，因为流动资产里面有些项目可能在实际情况下要打折，比如应收账款。很少有企业可以确信百分之百地回收自己的应收账款。比如存货，有些存货虽然生产出来，放在仓库了，但是如果没有以高于成本的价格卖出去，那么这些产品的价值也要打一个折扣。

"我之前做过一家企业，是生产DVD机的，我看了看他们的仓库，十几个仓库全都堆得满满的，看他们的销售情况，就算完全不再生产，单单把现有的库存卖完，也算是了不起的成就了。那么对于这家企业而言，存货的流动性就值得担忧。同样的道理，如果流动比率的比值过大，比如超过了2，则表示企业拥有大量的流动资产，而同时背负的负债并不算大。这样的情况常常发生在刚刚融资成功的企业身上（不管是引入了风投，还是成功上市，企业都会拥有大量的流动资金）。我常常看到有些公司的银行存款有几千万美元，与此同时，流动负债很少，可能只有一点点欠供应商的货款，这样的情况也不能算健康。"

熊妈妈这时候忍不住举起手："我有个问题，企业有充沛的现金，又没有任何债务，这倒是不健康的财务状况？"

小熊说："您这个问题问得好。我怎么解释呢？良好的企业运营，应该像一个高明的太极拳大师。这些大师一般具备两种技能，第一种技能是四两拨千斤，好的企业不一定拥有巨额的现金，而是可以让现金在企业内部快速流转，依靠流转速度来解决运营对现金的需求，后面我们还会讲到经营效率比率（也叫周转比率），就会谈到现金运行的速度会直接影响到企业的经营效率。

"第二种技能是平衡的技能，流动资产与流动负债之间应该保持一个相对的平衡，这个平衡如果被打破，不管是偏向哪一方，都不是最好的效果。

"接着回答您的问题，如果企业的资金过剩，同时产能和销售能力却没有放大，那就说明这家企业对资金的运用并不能算好，多余的资金闲置下来，其实也是一种资源的浪费。您看我这样解释可以吗？"

熊妈妈拍拍手说："你这么一说，这个道理其实我是懂的。之前我为什么想开一个小店呢？一方面是给自己找点事情做，另外一方面，我们家那点存款，我总觉得放在银行里存着有点可惜，所以我想着应该让钱流动起来，让它发挥更大的作用。我寻思这就是你刚才说的资金的流动吧。"

小熊笑道："我觉得其实您才该去著书立说，很多学术上的道理，其实和过日子里面的道理都是一样的。您说说您的熊妈妈理论，说不定可以做个另类的经济学家呢。"

PART 3 躲猫猫

熊妈妈倒有点不好意思起来："我这纯粹是瞎琢磨，写出书来也只能解决公共厕纸的问题。"

小熊哈哈大笑："妈，您谦虚了，其实我看国外有这样的厕纸，有一面印着书，上厕所的人看完了再用，这也算是一种营销策略。"

"这也没什么新鲜的吧,我们年轻那会儿还用过报纸呢,跟你这个原理是一样的,我们还更节约资源。"

小熊:"……您那时候倒是没有直接用树叶。咱们还是继续说财务比率吧。

PART 3 躲猫猫

"流动比率之外，还有一个速动比率，刚才我说过，速动比率也是用来测试企业短期偿债能力的一种比率，但是较之于流动比率，速动比率的要求更严格。

速动比率 = 速动资产 / 流动负债

"这里先说说什么是速动资产，很简单，速动资产就是上面说的流动资产减去那些流动性不太强的部分，比如存货，或者预付账款。这些项目在现实中的变现能力都比较差，所以将其剥离。

"一般来说，如果速动比率可以到 1，那么企业在流动方面的能力，就还值得欣慰。因为一般情况下，存货都会占企业流动资产的 50% 以上，如果将存货部分减除，也相当于把流动资产减除了一半。"

熊妈妈此时又举起手来："还有一个问题，你之前说应收账款也是流动资产，现在又把它包括在速动资产里面。可是我觉得应收账款不算什么变现能力强的资产啊？你是不知道现在要账有多难。上个月橘子超市进了咱们一批面包和小点心，到现在账还没付呢。"

小熊笑笑说："对，应收账款的管理确实有学问。我记得之前还有一个老外客户专门就此事跟我聊过，说应收账款也是困扰他们公司的问题，还饶有兴致地问我，他曾经接到一些广告宣传，说是社会力量代为清账，不知道这些社会力量是否可靠。于是我告诉他，这些公司都是靠比较强硬暴力的手段来要账的，有可能还会用上打砸抢，是犯法的。作为守法的企业家，可千万不要动歪心思。话虽然这么说，看起来他也是实在没什么办法了。

"但是对于应收账款的变现，倒是有一种很常见的救急方法，在国外很普及，我看国内也有机构开始做了，那就是应收账款的打包出售。企业有的时候急需资金，自己的资金链条又已经断掉，要是实在无法可想，就可以把自己的应收账款打包卖给一家金融机构。既然是打包，自然不可能按照原价变卖，金融机构会根据企业客户的质地来决定相应的折扣，可能是5折，可能是6折，也可能高一点。买下来之后，金融机构自行处理这些应收账款，或者自己收取，或者拍卖出去。所以应收账款也可以算一种速动资产，虽然变现之后被剥皮抽筋一番，但是也好过根本卖不出去。当然，咱们还不能算信用社会，因此这部分业务抵押打包的条件会非常苛刻，说不定会直接打一折。因此，时刻关注企业的应收账款，使得其保持在一个相对健康平衡的水平就是更重要的战略，'良医善治未病'，说的就是这个道理。"

知识链接

速动比率

速动比率还有一个名字叫作酸性测试比率，英文写作 Acid Testing Ratio。我查了很多资料，对于为什么速动比率叫作酸性测试比率的解释大都语焉不详，或者干脆胡说八道。经过思考，我有了一个自我的认知，不一定是对的，写出来供大家参考吧。众所周知，血液是有酸碱值的，标准值大概在7左右，这个酸碱值也直接对应每个人的体质。如果该人的血液的酸碱值小于7，则这个人是偏酸性体质，属于亚健康或者病态的状况；如果该人的血液的酸碱值大于7，则这个人是偏碱性体质，是比较健康的。一位日本的医学专家说，目前世界上90%的人都是偏酸体质，也就是说，世界上90%的人都不怎么健康。所以我觉得这个酸性测试比率是一个考量企业经营状况是否健康的指标，如果速动比率偏大，那么这家企业的资产优良，流动性好，负债可控，这家企业就相对健康；如果速动比率偏小，那么这家企业要不就是资产钝化，不容易实现流动，或者负债比例过大，不足以被资产覆盖，上述种种都表明这家企业的运营存在问题，需要改进。

比出来的金牌企业之二

"说完了流动性比率,现在我们接着说第二类财务比率——经营效率比率。刚才预告过一点,经营效率比率也叫作周转比率,评价的是企业资产运转的快慢,用于考核企业利用经济资源的有效性。咱们在这儿也只说两种最常见的周转比率,第一种叫作应收账款周转率,另外一种叫作存货周转率。

"先说应收账款周转率,刚才其实咱们已经对应收账款有所讨论,现在您知道应收账款的时间长、金额大是不好的,因为咱们的资金被客户占用了。在应收账款收回之前,咱们可以用于继续生产的资金减少了,所以对于应收账款的控制至为重要。应收账款周转比率可以让管理者时刻关注企业应收账款状况的变化。

应收账款周转率=产品销售收入/应收账款平均余额

(注:上面公式里的"产品销售收入"理论上讲,指的是赊销的销售收入,也就是对方不给现金,直接挂在应收账款上的销售收入。但是在现实情况中,现销和赊销可能需要花一点时间来区分,如果企业的管

理者想知道更为准确的应收账款周转率,我个人还是建议把赊销和现销的数字区分开。上面的公式中只列示了赊销的收入。)

"先说说这个比率代表什么意思。我们假设一种比较极端的情况,酥园本月的销售收入是100块钱,(熊妈妈插嘴评价道:"这个情况确实比较极端啊。")全部都是赊销,也就是全部计入应收账款。那么本月的应收账款周转率为:

应收账款周转率 =100/100=1

"也就是说,本月我们没有收回一分钱的应收账款,说得再让人惭愧一些,这个月我们没有一分钱进账。要是没有之前的积蓄,我们连工人的工资都开不出来了,这真是让人气馁的结果。所以应收账款周转率绝对不能为1。

"我们继续假设一个乐观一点的情况,我们本月销售收入200块钱,销售收入实现的时候全部都是欠账的，都记在应收账款，但是月底的时候我们一看，应收账款是 100。那么本月的应收账款周转率是：

应收账款周转率 =200/100=2

"这个结果好看很多，200 块钱的销售收入有一半以现金的形式回收，可以用于下一期的运营。

"按照这样的逻辑，这个比率越大，证明企业控制应收账款的能力越强，也证明企业将销售收入转为现金的能力越强。

"说完了应收账款周转率，咱们说下一个周转比率，叫作存货周转率。

存货周转率（次数）= 产品销售成本 / 平均存货

"先说存货周转率代表什么意思，和应收账款周转率一样，存货周转率是一个周转次数，它想说明的是，企业生产出来的存货，是不是可以快速销售出去，如果是，而且这家企业的应收账款周转率表现得也不错，那么这家企业就可以很快回收资金，进行下一轮的生产和销售。如果不是，那么存货会积压下来，企业的资金被占用，企业无法组织下一轮的生产和销售。

"接下来看看这个公式如何解读上述含义：企业在实现销售收入之后，一般都会同时结转成本，成本结转的分录是这样的：

借：主营业务成本
贷：存货

"上面分录的含义是，企业生产出来的存货减少，它们所对应的价值转入成本，用以匹配销售收入。可能当期生产出来的产品并不能全都被销售出去，那么剩下的就放在存货科目里面，等待下一期的销售。

"咱们还得假定一个比较极端的例子。比如本月我们一共生产了 100 个牛角面包，卖出去 10 个，还剩下 90 个,那么当期的销售成本里面应该有 10 个面包的成本,用以和 10 个面包的销售相匹配。仓库里还剩下 90 个面包,这说明了什么问题呢?"

熊妈妈插话道:"这说明在未来的 1 周之内,咱们一家三口每顿都得吃掉 3 个以上的面包。"

小熊哈哈大笑道:"妈,前几年的剩面包您还没吃够啊?

"在这样的情况下,存货的周转率是多少呢?

存货周转率 =10/90=0.11 次

"这是一个令人心酸的结果,咱们换一个数据再来说。

"咱们在上个月每周都卖出去 100 个面包,所以月末的时候,销售成本里面有 400 个面包的成本,您回到店里,拉开冰箱的门,里面只有 1 个面包了,这是本期的存货余额。"

存货周转率 =400/1=400 次

"这真是令人鼓舞的结论,说明咱们家的面包大为畅销,如果少一点橘子超市那样的顾客,咱们的生意简直没的说。不过这样的情况也容易出现其他的问题,您能不能想出来是什么问题?"

熊妈妈轻蔑地笑了一下:"小子,你还以为你老娘还是 5 年前的老娘吗?面包卖得好固然重要,但是后续生产跟不上,客人进店发现什么都买不到,这也是大问题。"

小熊嘻嘻笑道:"我这都是纸上谈兵,您这才是实干的本事。您说得对。存货周转率如果过快,企业的管理者还要警惕存货是否可以随时提供,避免出现缺货成本。"

比出来的金牌企业之三

小熊停顿了一下,喝口水继续讲道:

"接下来的一组比率比较重要,叫作获利能力比率。获利能力比率考量什么很好解释,酥园做了一年了,看上去做的热热闹闹,花团锦簇的,但是实际赚到钱了没有?股东(就是您啊)获得了什么样的回报?较之于上一年,企业在获利能力上有无进步?这些都是咱们下面要讨论的:

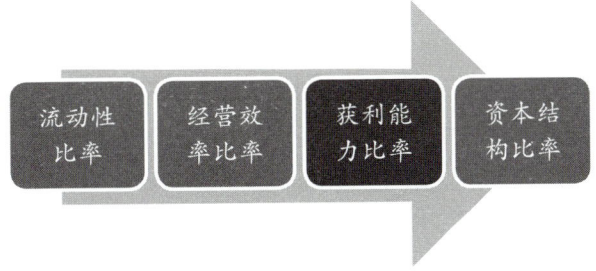

"获利能力比率一般分为两个部分,第一个部分针对企业来说,另外一个部分针对股东回报来说。

"先说第一部分,企业收益比率,这一类比率咱们谈两个有代表性的。

"第一个比率最简单,叫作净利润率。这个我不讲,估计您也能明白。每个月您都看财务报表,上面的净利润数字是一个绝对值,那么我刚才说的利润率就是一个相对值。由于很多企业存在淡季旺季的问题,每个期间的销售数量可能波动很大,在这种情况下比较绝对的利润额没有什么意义。而利润率则可以比较客观地解决这个问题,当然这也有一个前提,那就是销售成本在比较期间内可以保持相对的稳定。

净利润率 = 净利润总额 / 销售总额

"如果您拿到净利润率的结果,一看,上个月的净利润率还是 20%,这个月就变成了 10%。假定这两个月的销售收入差不多,这是怎么回事呢?"

"那就只有可能是成本费用的问题了。"

"完全正确。这时候您就得再看本期和上期的成本费用对比,一般都是能看出一些端倪的。"

"要是看不出来呢?"

"那您就看看您是不是算错了。

"下面的一个比率比较重要——净资产报酬率,英文叫作 Return on Equity,简写为"ROE"。这个比率我觉得从英文的名字理解更明白一些,equity 是所有者权益,return 是回报。这个比率也就是股东投入资本，带来的净收益与他们所投入部分的比较。

净资产报酬率＝股东权益报酬率＝利润净额／股东权益余额

"这个比率当然越大越好，如果比值超过1，那就表明股东投入公司的钱带来了超过这部分投资的回报。

"第二部分的比率关乎股东权益，所以叫作股东盈利比率。这个比率是反映公司满足所有者获利目标的考量标准。

"咱们在这里也说两个：每股盈利（earning per share，EPS）和市盈率。"

"先说第一个，每股盈利。每股盈利，就是评价每股股份可以分到多少企业经营利润。

EPS＝净利润／普通股加权平均股数

> **知识链接**
>
> **EPS**
>
> 上面的公式我做了一点调整,原来的公式中,净利润有一个减项,是优先股股利。优先股不是普遍现象,所以这里不说,如果大家有兴趣,可以查一查优先股股利的知识。还有一点多说几句,上面公式里的除数,普通股加权平均股数,为什么是一个加权平均股数呢?因为即使在一个会计年度中,每个月内的企业股票股数可能是不一样的,有些时候公司派发了股票股利,有些时候公司配售了股票,这些都会产生股票股数的稀释。采用加权平均股数,可以客观地考虑这些影响计算准确性的因素。而对于酥园这样的简单企业来说,这一点知识还暂时用不到。

"第二个比率是我们之前讲的市盈率,这个比率乃是用来衡量公司股票价格与公司的每股收益之间的关系。PE 是如何影响一家企业的,之前讲过一些了,这里就不啰唆了。

"较之于前三类财务比率,最后的这一类比率不反映盈利性,而是体现企业的长期偿债能力和在一段期间内的稳定性。如果一家企业的资本结构中,负债的比例过大,那么这家企业的稳定性也不会太理想。

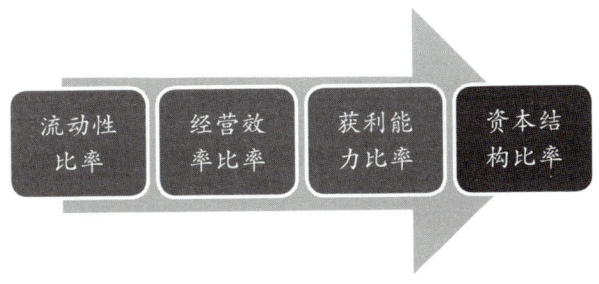

资产负债率 = 负债总额 / 资产总额

"这个比率看上去有点像颠倒过来的流动比率,但是它所包含的范围更加宽广一些,包括了流动和固定两个部分。就稳健的投资者和企业所有者而言,资产负债率越低,他们的安全感就越强烈。还是前些日子做了个项目,让我开了眼界,某个企业纳入审阅年度(3年)的资产负债率分别为100%、98%、95%。这还真是我近几年第一次见到,这三个数字刚算出来的时候我还小小地吃惊了一下。100%的资产负债率代表着什么？这代表着，目前这个企业运营的所有资产都是举债而来的，换句话说，这个企业已经资不抵债了。

"好了，我把财务比率中比较重要的部分全都给您说了一遍。这些比率虽然很容易混淆，但是如果深刻理解了它们的含义，并且在实际中尝试着使用，我想对您的管理决策会非常有帮助。"小熊站起身来，活动了下身体。

熊妈妈若有所思地点点头，忽然道："当然你讲的更系统，是理论知识，但是我之前在做生意的时候，确实也常常用它们。比如吧，你总说现金流的重要性，这个我知道，不过我平时不叫它现金流，而叫它干货。每个月结完账，我都在心里盘算了一下，这个月干货一共有多少。比如你跟我说流动比率和速动比率，虽然我没有按你说的那样去比出一个数字，但是其实心里也会衡量一下，欠人家多少钱，自己能不能还上，什么时候能还。比如你说利润率，虽然你我的算法可

PART 3 躲猫猫

能有所差异，但是其实我每个月也会算一个毛利率和净利率。"

小熊道："是啊，妈，其实我也注意到了，很多民营企业家其实都非常有……嗯，我们叫 Sense，就是经商的直觉。虽然他们可能对很多术语和名词不是太熟悉，但是心里对每一笔进出都很清楚。不过呢，我还是觉得，虽然你们这些在实战中冲杀出来的老江湖已经千锤百炼了，但是如果能让自己的信息系统和知识库更加有体系和条理，岂不是如虎添翼吗？"

"说的倒是这个道理，我就怕我岁数大了，搭建不起来这个体系。"

PART 4

华山论剑

PART 4　华山论剑

勇敢者的游戏

接下来的几天，小熊都异常忙碌，和秦琼见面，制定酥园的商业计划书和演讲文稿，和秦琼及该投行的其他合伙人开会，反复给别人讲酥园的故事，并且回答他们提出的各种各样、千奇百怪的问题。每次想到公司里还有一大堆项目等着自己，小熊的心就忍不住发紧，不过好在酥园的谈判还算顺利，风投对于酥园表现出了令人鼓舞的兴趣和热情。小熊知道，这可不是每次都能有的好机会，忙到下半场的时候，小熊心里也忽然生出一种别样的情绪,觉得虽然酥园不是自己一手创办起来的,但是这么多日子以来,不断地推介、解说、讲述,酥园这个名字已经深深地印在了心上。想到酥园可能会迎来的光明前景,心里倒热切起来,忍不住开始暗暗帮妈妈盘算在哪里开新店了。小熊心里想,这就是资本邪恶的力量啊。

晚上拖着疲倦的身体回到家,已经是万家灯火的时刻了。小熊打开家门,餐厅的桌子上摆着碗筷和几个炒好的菜,厨房里叮叮当当的,看来妈妈今天不是太忙,还有时间在家做做饭。小熊冲着厨房喊了一嗓子:"妈,我回来了。"也不管熊妈妈听见没有,一屁股坐在椅子上,一只手捏起了一块酱牛肉。

此时熊妈妈端着一盘菜走进来:"咦?这么快就回来了?晚上不是说要请那个大老外吃饭吗?"

"妈,您饶了我吧,我都跟他吃了好几天了,这厮酒量大得很。您要知道人对酒精的吸收程度是和人体的质量成正比的,他人高马大的,我们不在一个比

PART 4　华山论剑

赛量级上。今天我和他说了要回来把这几天的成果跟您汇报一下。现在也还不到喝庆功酒的时候呢，等钱到了账吧，我把我爸带着。"

"你可别害你爸了,我持续监督着,他这血糖还降不下来呢。"

娘俩一边吃饭,小熊一边把最近谈判的情况跟熊妈妈说了一遍。结论是,虽然谈判现在还在进行之中,但是前景可以期盼,结果可以谨慎乐观。

熊妈妈放下筷子,感叹道:"你整天跟我说资本资本的,我们年轻那会儿也常听这个词,现在可算是领教了什么是资本了。很好很强大啊。"

小熊一边运筷如飞,一边含糊不清地说:"这才哪到哪啊?今后咱们要是能去美国上市,拿美国人民的钱来发展中国人民的生意,那才是真正的强大呢。如果有朝一日咱们能冲出国门,割资本主义的韭菜,那才算是胜利的一小步!"

熊妈妈饶有兴致地说道:"你有空也给妈妈普及普及,这去美国上市是怎么回事。我这些日子跟着你也学了不少名词,自己闲下来没事也上网看看,还真是大开眼界。之前抱着一个小店过日子，确实有点鼠目寸光了。"

小熊这时候吃得也差不多了，满意地擦擦嘴，放下碗筷道："这好办啊，这样吧，一会儿我帮您收拾完，咱们趁热打铁，我跟您说说到美国上市的故事，哪些企业有希望到美国上市，为什么要到美国上市，到美国上市的现实成本，以及需要遵循的重要的法律法规。要说到美国上市，那可真称得上是勇敢者的游戏。"

熊妈妈一边收拾碗筷，一边低声嘀咕说："你这个夸张劲儿，倒真是家传的功夫。"

美国上市和赖子山庄

"既然是游戏,自然有玩家和庄家。这里的定义比较宽泛,打这个比方主要是想帮您理解得容易一点。想去美国上市的企业,想靠上市企业获取财富的机构投资者和个人投资者,这些人都是玩家;庄家是制定规则的人,在美国,证券交易委员会(SEC)扮演这个角色,SEC负责制定游戏规则,监督游戏的进行,对违反规则的人进行惩罚;游戏场地就是美国的股票交易市场。这是笼统的说法,因为美国的资本市场是全球最活跃

PART 4　华山论剑

和成熟的,所以它的市场也不可能只有一个,耳熟能详的有纽约证券交易所(New York Stock Exchange, NYSE,简称"纽交所"),纳斯达克市场(National Association of Securities Dealers Automated Quotations, NASDAQ)等等。怎么比喻呢?我爸是不是常玩一个网上的打麻将的游戏,叫赖子山庄的?"

"是啊,我偶尔还玩两把,不过玩的没有你爸那么疯狂,我一般只进10金20金的房间,你爸基本上都去50金的房间,大部分时间都输得光溜溜的。"

"对,美国的股票市场有点像这个赖子山庄,里面有好几个大厅,有玩100金的,有玩10金的,玩10金的那些人如果赢了钱,也可以来玩100金的。整个山庄的游戏规则都差不多,但是不同的大厅可能也有一些自己的规矩,比如,如果您只有10金,也就没办法进100金的大厅。

"我给您画个简单的图,您心里把它想成一个赖子山庄就行。

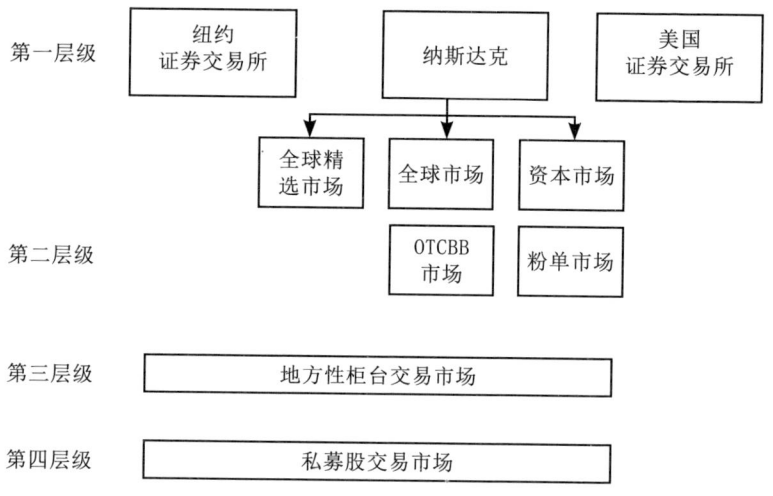

"下面我来给您解释一下,美国的股票市场平行地分为三个游戏大厅,第一个叫作纽约证券交易市场,我们平时总在新闻里面听到纽交所怎样怎样的,说的就是这个市场。纽交所是美国证券市场的中流砥柱,大部分优质的超级公司都在纽交所挂牌。纽交所和美国证券交易所(Amex)均是采用大厅集中交易的市场,一定要区分的话,纽交所上市的企业要大一些,而在美国证券交易所交易的企业一般都是中小企业。

PART 4 华山论剑

"由于美国资本市场的活跃程度太高,场内交易无法满足全部的交易需求,所以有些企业的股票在场外进行交易,1971年,管理这些场外交易的机构——美国证券商协会设立了一个电子报价系统,称为'纳斯达克',将部分符合条件的企业纳入这个系统中进行交易。这个系统发展得越来越大,很多公司都是在纳斯达克一战成名,如微软、雅虎、搜狐等,对了,还有最近'名满天下'的瑞幸咖啡,都在纳斯达克市场挂牌。因为从它这里出名的公司大部分都是科技公司或者网络公司,所以纳斯达克给人的感觉就越来越像一个专门交易高科技股票的市场,其实并不是这样的。您知道如家酒店吧,我这几年对这家酒店那是相当有感情了,自己出来奋斗,不但工资少了,就连出差的待遇都慢慢地从喜来登和威斯汀降级到了如家和汉庭,这是题外话。如家就是在纳斯达克市场上市的企业。

"随着市场越发展,需求就越发展,很多小的企业达不到中小板或者纳斯达克的要求,但是它们也迫切需要一个可以容纳它们的地方,于是1990年美国证券商协会又设立了另外一个电子报价系统,叫作OTCBB(Over The Counter Bulletin Board)。今后酥园成长壮大了,很多投资公司都会打破头地找到您,游说您去美国上市,它们会热切地说:'到美国上市很容易啊,上不了主板,可以上OTCBB啊,OTCBB是纳斯达克的预备役啊,条件宽松、成本低廉,只要业绩上去了,转板到主板上去简直有如探囊取物。'

PART 4　华山论剑

"这样的说法不能说是错的,但是非常值得商榷。虽然 OTCBB 只是一个电子报价系统,并不像那些人所说的是一级独立的交易市场,不过凡是曾经参与其中的人都知道,目前 OTCBB 的交易系统已经比较完善了,一般投资者不怎么能分清在 OTCBB 和纳斯达克交易的区别。而且,很多公司一开始不去主板上市,也不一定就是因为它的业绩不好,或者力量不够,有可能是企业对费用、灵活性等方面因素有所考量。

"但从严格意义上说,在 OTCBB 交易不能算作真正意义上的上市,此外,如果这家公司到美国去的目的是融资,那么 OTCBB 可能不是一个太好的去处。由于出入其中的很多都是业绩一般、没有热点的小公司,所以不管是个人投资者还是机构投资者,可能在投资 OTCBB 的公司时都会谨慎一些。交易不活跃,那就是没有人买你的股票,那么又怎么能融到钱呢?要是融不到钱,为了到美国去上市花掉的那些钱谁来报销呢?所以我个人的经验是,在决定去美国上市前,一定要想清楚为什么去。

"自从2013年中概股一路走低后，原先热了一阵的借壳上市，也就是反向并购上市现在在实务中也已经被禁止了，所以怎么买壳我也省得讲了。还有一点，要是有人告诉您从OTCBB直接升到主板易如反掌，您可千万别信，这肯定是骗人的，美国主板市场的要求很严格，如果企业的业绩达不到要求，走谁的后门也没用。此外，满足转板的条件非常苛刻，也不太具有实际操作性。

"讲了这么多，其实也刚刚把美国证券市场的结构讲了讲。在上面的那幅图里，第三层级和第四层级的交易市场距离我们太遥远，可以暂时不理会。对于第一层级和第二层级的市场，我们可以做以下通俗的理解：

"美国证券交易所就如同一个赖子山庄的游戏平台，第一层级的纽交所和美国交易市场分别是基础筹码为100金和50金的游戏大厅，在里面玩的都是有钱人；纳斯达克也是一个100金的游戏大厅，但是筹码都是虚拟的，自身的输赢都得看电子牌；OTCBB 也是类似的游戏规则，只是入门的筹码很低，你有 5 金也可以玩，但是由于级别低，所以没有大厅，只有一圈马扎。如果坐马扎的诸位中有坐得不舒服的，也可以提出申请进入大厅里玩，只要组织者认为你合格，你就可以拎着马扎进大厅去。但是由于组织者一般都会认为你不怎么合格，所以有可能你进了这个门，但只能一直坐着马扎玩。玩 100 金赢了钱可以吃海参鲍鱼，坐马扎玩赢了只能摊一套两个鸡蛋的煎饼。

"有些人虽然也想玩，但是马扎也不是那么容易就能申请下来的，必须经过赖子山庄的组织者一道一道手续的批准。于是这些想玩的人就找到那些虽然坐着马扎但是不怎么玩的人商量，出点钱，把马扎买下自己来坐。这个基本上就是借壳上市的道理。"

什么样的人才有资格做游戏

"接下来这个问题比较简单,就是做游戏的资格问题。

"想去的房间不同,要求也不同。

"先从要求最低的说起,如果放在10年之前,我还可以建议您买个壳,直接挂牌。这种方法的优点是:上市的时间可控,流程上也已经比较成熟。但是这10年,在美国上市的中概股越来越多,争气的却越来越少，目前市场已经基本上不待见中国公司在美国市场买壳上市了。据我所知，其他国家的公司买壳上市可能在实务操作上还可行，但是中概股通常会困难很多。毕竟买壳上市不是IPO，因此很多时候财务风险不能向IPO那样充分披露给投资人。最近几年在中国兴起了一种借壳上市的变种方法，叫作现金壳（SPAC）。对于这个概念，百度百科中有比较详细的表述，所以我这里只是简单介绍一下。

"SPAC（Special Purpose Acquisition Corporation，特殊目的并购公司），实质上是并购基金的一种。它其实是一个'空壳公司'，只有现金，没有任何其他业务，一般由共同基金、对冲基金等募集资金等组建上市。发起人将这个'空壳公司'在纳斯达克或纽交所上市，以纽交所为例，SPAC的IPO条件与普通公司相比，主要有两点差别，一是有托管要求：SPAC需将超过90%的IPO募资存放在第三方托管账户中，除非公司已完成交易金额相当于募资额80%的并购交易；二是退出机制：如果公司在24个月内仍未完成并购，公司将被清算，募资将被返还给股东。据相关研究表明：SPAC通常以证券单位（Unit）的形式发行普通股与认股期权组合给市场投资者从而募集资金，一个投资单元通常包含1股普通股与1~2股认股期权。

与传统的IPO上市相比，SPAC优势是：

• 时间周期短，同样条件下用时不到IPO的一半。IPO至少需要一年，前期准备工作耗时更久；SPAC最短3个月即可完成上市。

• SPAC可绕过美国证监会对于企业IPO的硬性规定，更适合中小企业。

• 费用少，无须支付占IPO费用大部分的承销费，同时无须支付挂牌上市的买牌费用。

• 成功率高，仅需要收购双方同意即可，不存在因其他原因导致的发行失败。

• 融资金额确定，目标企业估值定价事先固定。

与传统的借壳上市相比，SPAC优势是：

• 借壳上市需要企业付出一定比例的借壳费用；SPAC没有该费用。

• 借壳上市需要留下10%~25%的"干股"给原有壳股东；SPAC则投资三千多万至两亿美元以换

取相应股权，SPAC 的 founder share 相当于干股，SPAC 的形式可以以很便宜的价格换取干股。

- 借壳上市后 90% 以上的公司难以融到资金；SPAC 其首期和行使认股权资金可融资超一亿美元，并可持续融资。
- 借壳上市的公司其交易量极小；SPAC 公司与通过 IPO 的公司交易量相当。
- 借壳上市的公司有可能有或有负债和法律诉讼；而 SPAC 公司没有。
- 借壳上市大多在 OTC 板块操作，难以登陆美国主板；SPAC 可直接主板上市。
- SPAC 投资者多为对冲基金、共同基金等机构投资者，市场形象良好，上升空间大。

"现金壳上市本来是一个很好的点子，我认为挺适合中国企业的，如果 IPO 的路不太好走，那么曲线救国也未必不可以。但是这几年现金壳也有点被玩坏了，首先，现金壳需要公司花买壳费，几百万到上千万都有。其次，留在壳子里的现金越来越少，也意味着现金壳上市的融资功能也被削弱了。此外，近两年美国证交会对中概股企业的监管趋严,即便是借壳上市,对于其审计的监管要求也会越来越严格。这么看,现金壳除了时间上可以快一点,其实相较于 IPO 的优势也并不太明显。

"既然借壳的路子不太好走,那还是老老实实地准备 IPO 吧。下面先说说纳斯达克的标准。

"相较于纽交所这样的全国性市场,纳斯达克的标准稍微宽松一些。它厘定了三个口径的标准供企业自我考评。这三个系列的标准满足其中一个就可以,但是要同时满足该口径里列明的所有条件,并且要持续满足才能保持自身的上市地位。"

纳斯达克资本市场 Nasdaq Capital Market	权益标准	上市证券的市场价值标准	净利润标准
相关条令	5505(a)&5505(b)	5505(a)& 5505(b)	5505(a)& 5505(b)
股东权益	500 万美元	400 万美元	400 万美元
无受限公众持股的市值	1,500 万美元	1,500 万美元	500 万美元

(续表)

纳斯达克资本市场 Nasdaq Capital Market	权益标准	上市证券的市场价值标准	净利润标准
运营历史	两年	—	—
上市证券的市场价值	—	5,000 万美元	—
可持续的主营业务产生的净利润（在最后一个财政年度或最近三个财政年度中的两个会计年度）	—	—	75 万美元
无受限公众持股数	100 万股	100 万股	100 万股
无受限整股股东数	300 个	300 个	300 个
做市商	3 个	3 个	3 个
买入价或收盘价 **	4 美元	4 美元	4 美元

知识链接

做市商

简单说说"做市商"的概念。做市商本身都是实力很强的证券交易商，比如我们大家都知道的高盛、美林（金融危机的时候很遗憾地倒掉了，把自己卖给了美国银行）、摩根士丹利和雷曼兄弟。他们充当做市商的目的是让市场更活跃,作为做市商,他们既买也卖,起着类似游戏庄家的角色,组织大家对一家企业进行投资,它们自己也在买卖股票之间赚取利润。

"如果企业质地还不错,但是科技烙印并不那么强,可以考虑在纽交所上市。"

纽交所上市条件

	条件1	条件2	条件3
有形净资产	400万美元	400万美元	无要求
税后利润	75万美元	无要求	无要求
公司市值	无要求	无要求	7,500万美元
公司历史	无要求	2年以上	无要求
市场流动股值	300万美元	1,500万美元	2,000万美元
股东人数/最低公众流动股数	800名及500,000股或400名及1,000,000股	800名及500,000股或400名及1,000,000股	800名及500,000股或400名及1,000,000股
上市最低股价	3美元	3美元	3美元

PART 4　华山论剑

	纽约证券交易所	
要求	纽约证券交易所定量上市标准，适用于国内发行人和外国私有发行人*	纽约证券交易所上市替代标准，适用于外国私有发行人*
最低分配和市值标准		
投资者数目（整股股东）	400 名	全球 5,000 名
公众持股量	110 万股	全球 250 万股
公众股份的总市值	4,000 万美元	全球 1 亿美元（信誉良好上市公司的附属公司，只需全球 6,000 万美元）
最低招股价	4 美元	
财务标准（必须满足以下其中一项要求）		
盈利测试 税前盈利（扣除少数股东权益、摊销及被投资公司盈利或损失中的权益（经特定调整），必须：	税前盈利达 1,000 万美元（过去 3 个财政年度累积计算，及最近 2 个财政年均不少于 200 万美元，且 3 个财政年度均实现盈利）或税前盈利达 1,200 万美元（过去 3 个财政年度累积计算，及最近 1 个财政年均不少于 500 万美元，且第 2 个财政年度不少于 200 万美元）	税前盈利达 1 亿美元（过去 3 个财政年度累积计算，及最近 2 个财政年度每年不少于 2,500 万美元）

（续表）

全球市值测试发行人必须：	全球市值至少达 2 亿美元	—
估值/收益加现金流测试发行人必须：	—	- 全球市值至少达到 5 亿美元 - 过去 12 个月的收益达 1 亿美元，且经营现金流量达 1 亿美元（过去 3 个财政年度累积计算，及最近 2 年每年经营现金流量不少于 2,500 万美元（经特定调整））
纯估值/收益测试发行人必须：	—	- 全球市值至少达到 7.5 亿美元 - 且最近 1 个财政年度的收益达 7,500 万美元
附属公司测试发行人必须：	—	- 全球市值至少达 5 亿美元 - 且 12 个月营运历史

* 对于在其 IPO 时上市的公司

* 上表援引自普华永道中国之电子出版物，《公司上市指南》——美国股票市场

PART 4　华山论剑

做游戏——IPO及其他

"下面说说具体的游戏规则吧，企业一般有两个选择，如果本身的质地不错，那么可以考虑 IPO（Initial Public Offering），中文翻译成首次上市发行，可以说得再明白一点，就是作为一个崭新的企业，出现在纳斯达克或者美国证券交易所。

"选择 IPO 有很多好处，一般敢于选择通过 IPO 方式上市的企业，对自身的实力和业绩都比较有信心，对应出来的市场反应就会好一些,当然,也有这样的例子,企业 IPO 在主板市场成功上市了,但是却没有顺利融到资金,但这不是普遍现象。大部分通过 IPO 的方式成功在美国上市的企业,多少都能融到一点。不过最近几年,美国市场对中国公司不是很感兴趣,中小型中概股能在资本市场上直接融到资的并不在多数,所以很多时候还要靠自融。

"但是 IPO 同时也有很明显的缺点:第一,成功率不能说很高,企业前期即使做了很多的准备和努力,也有功亏一篑的可能。第二,IPO 上市的周期比较长,我身边的例子中,时间最短的是 7 个月,但是最短的时间不能用来作为标准,在准备充分的情况下,9～10 个月是比较保守的时间;在最近 2～3 年的实务操作中,由于纳斯达克和纽交所作为市场,也参与了首次发行的审核,所以大大地延长了 IPO 的一般申请周期,我身边的例子,有公司已经审核了一年了,还没什么消息。第三,IPO 成本比较高,这里面的成本包括很多方面,比如支付给承销商的佣金,支付给中介机构,比如律师审计师财务顾问

printer 的服务费等。企业在上市准备阶段不需要支付太多的钱给承销商,但是会计师和律师都很费钱。企业如果资质比较好,对自身的期望比较高,也会有意愿选择质地好一些的会计师事务所和律师事务所为自己提供服务,那么企业也最好提前把这方面的预算稍

微打的宽松一点,好一点的会计师可能需要80万到100万美元起,国外律师的费用比起会计师来只贵不便宜,国内律师稍微便宜点,但是也不是几十万就能打发的。

"下面的时间点均以上市成功作为基准点向前推算,假定一家公司打算在2020年1月上市成功,那么这家企业至少要从2019年1月甚至更早的时候就开始动手做准备工作。"

12个月前

"企业想到美国上市,与国外的投资者进行交流,需要一种共同的语言。我当然不是指汉语或英语,投资者也不会因为老板的英文说得好就决定对这家公司投资了。吸引投资者注意的,还是这家企业的业绩和现实合理的未来发展计划,而承载这些信息的,是一套以美国通用会计准则编制的,经过独立审计师审计的财务报表。这套财务报表就是整个上市工作的核心和基础。

"但是很多国内企业的管理者和财务人员都并不熟悉美国会计准则,更遑论独立审计师的要求,所以在这个时间点,企业应该选择一家财务咨询公司,或者聘请几位有过上市经验的财务专业人士,把企业的账务进行初步的梳理和修补,以符合美国会计准则的要求。"

知识链接

会计准则国际化

目前会计准则的全球化已经显现,前些年牛气冲天的美国注册会计师协会也表明,美国通用会计准则(US GAAP)正在向国际财务报告准则(IFRS)靠拢。但是靠拢不等于同化,这里面还存在着一个融合时间的问题。即便是国际准则集团内部,比如澳大利亚,虽然也遵循国际财务报告准则,即International Financial Reporting Standard,简称"IFRS",但是也明白地表示,

> 他们的 IFRS 乃是 A-IFRS，即 Australia IFRS，换句话说，是有澳大利亚特色的国际准则。这是因为每个国家的具体情况不同，在会计实务中，也不能一概而论。澳大利亚尚且如此，何况一直以本国会计准则的权威和成熟而骄傲的美国？美国注册会计师的考题虽然大部分都是选择题，但是真的想考下来，那也不是闹着玩的事。

"下面简单说说国内企业在账务上可能出现的一些问题：

"第一，账簿的完整性和真实性。这一点在上一章的并购中已经说过。不管是打算和别的企业完成资源整合，还是打算到国外资本市场淘金，一套完整、真实的财务资料至关重要。

"尤其是上市，由于这套财务资料还要经过美国独立审计师的审计，所以它的质量关系重大。如果财务资料有缺失、遗漏的部分，企业需要在财务顾问的指导下，进行认真修补。我有一个朋友，被一家企业请去整理账务,前几天吃饭的时候,这位老兄很惆怅地说,这家企业需要补的东西简直太多了,都说万丈高楼平地起,可他现在所做的,简直是万丈高楼从地基起……

"第二,税务问题。很多民营企业都存在两套账的问题。想去上市,自然得拿盈利多的那一套出来。

但若是按照这套账编制会计报表，就会有很多应缴税金的问题。欠缴的税金一般有两种情况，一种是企业所得税，另外一种是增值税。

"对于企业所得税，很多地方政府为了支持本地企业在国外上市，都会给予一些地方的财政扶持，比如对于地方留成部分，以先征后返或者直接进行奖励的方式予以补贴。因此所得税不是一个太难以解决的问题；至于流转税，企业可以暂时在财务报表上面列示为负债，因为对于美国证监机构而言，它们只会介意企业是否已经完整、真实地对潜在的投资者披露了所有的负债，至于企业是不是马上需要去补税，这乃是企业与中国税务机关的事项，它们并不会因为企业没有缴税而驳回企业上市的要求。但是对于企业而言，上市之后，逐年地有计划地把欠缴税款还清，才是最为明智的办法，这也是企业打算成为公众公司需要付出的代价之一。在2012年之前，这个逐步有计划可以理解为三年、四年或五年，但是此刻，逐步有计划，差不多也就是一年半载的光景。妈我最近有个感悟，美国资本市场本来是一个总体而言比较宽松健康自由的市场，好企业可以融到钱，坏企业自然会被驱逐出去，但是骗子很少，大家基本上有可以达成共识的诚信和底线。但是这几年，随着财务造假曝光的越来越多，美国资本市场的气氛也起了变化，规则越来越多，审核越来越严，口子越留越小。这是咱们自己不争气的结果，真的值得好好反思一番。最近瑞幸出事，糟糕的不仅在它本身，更糟糕的是它在美国投资人对于中概股脆弱的信心上又给了一次暴击。人心若是坏了，局面也就不好收拾了。

"第三，公司股东与公司的资金往来问题，这个之前说过了。这里就不多说了。总的原则很简单，如果老板欠公司的钱，上市前最好交回来。如果公司欠老板的钱，至少要把明细完整披露出来，至于此刻是不是要还，反倒可以商量。

"第四，收入的确认和成本的配比。对于国内大多数企业而言，销售收入（劳务收入）确认的时点乃是税务发票开具之日。但是在实际操作中，企业也并非定期按时给自己的销售客户开具发票，而是根据客户的实际要求,在客户指定的期间开具税务发票,随之在那个期间确认了销售收入。对于成本的结转,也并非每一单销售都能恰好配比对应生产成本,大部分企业都是按照当月实际发生的成本据实归集,而不顾可能有部分本月发生的成本对应他月收入的事实。这些都是不符合中国会计准则的规定的。

"我先说说中国会计准则关于收入的规定:

"中国会计准则的第 14 号收入准则在 2017 年重新修订过,对于酥园这种执行会计准则的非上市企业,可以推迟到 2021 年 1 月 1 日执行。但是如果想在境内外同时上市,则需要在 2018 年 1 月 1 日就开始执行了。

"新修订的收入准则理解起来比之前的要艰涩不少,我这里简单地说一说,之前的收入确认原则可以成为风险转移为基础的收入确认,新准则改为了控制权转移为基础的收入确认。举个例子来说吧,比如有一家卖白酒的公司,销售给了客户 100 瓶白酒，客户的钱已经付了，但是由于没地方存放，因此约定酒水存在销售方的仓库，并且这个客户很讲义气，专门签协议说，这个酒丢了碎了都不用索赔，到时候剩多少算多少。那么按照风险转移的原则，这个销售商这时就可以确认收入了。但是如果是以控制权转移来判断，那么这里就有点问题了，因为存放在销售商仓库的酒并不能被买方控制，在这个条件下，收入自然不能确认。当然，我举的这个例子比较极端，事实上，也不会有这样的缺心眼儿客户，表示酒丢了坏了都不需要赔。一般而言，如果酒坏了，销售方肯定是需要予以调换的，但是，如果销售方同意调换了，那么在收款这个环节，又不能说风险已经完全转移了。

"还有一点，在新的收入准则中，把销售合同按照履约义务，拆分成了如商品销售和劳务提供等不同的履约内容，因为合同履约时点和收款结算时点不同，因此确认收入的时点和方式也应该不同，应该区分情况确认。

"您看，就收入确认这一个问题，大部分企业的实际操作和准则的规定就有很大出入，更别说还有一个准则转换的过程。因此这部分基础工作，也叫账务的调整工作，是比较耗费时间的，通常都要准备1—2个月的时间。

"按照中国会计准则的要求把账整理好、报表编好后，企业还要将中国会计准则的报表转换为美国通用会计准则。这是管理层的责任，但是，管理层往往没有能力履行这个责任，我其实就是干这个的，我们来替熊总完成账务的整理和报表的编制。我之前总和客户举这个例子，如果审计师是最终出题判卷子的老师，那么我们就是管理层聘请的家教。"

"这个例子举的不错，也就是说有了你们，财务部的同事们就可以专心干业务啦。"

"妈，我们是家教，家教能替孩子直接写卷子吗？"

PART 4 华山论剑

知识链接
从事美国上市公司审计的会计事务所

目前活跃在国内市场的可以从事美国上市公司审计的会计师事务所有以下三类：

第一类：四大会计师事务所，他们是普华永道中天、德勤华永、毕马威华振和安永华明，既然是"四大"，起码的质量是可以保证的，如果企业的质地不错，打算融资的规模在中等以上，不妨考虑一下"四大"。（在这个行业里，一分价钱一分货是颠扑不破的真理。）

第二类：不少国内的大所都加入了一些国际所的联盟，作为国际事务所在中国的成员所以协助中国企业上市。这类所的专业技术不错，但是案子接的不够多，价格也并不便宜。

第三类：美国的中小型会计师事务所，往往在中国设立一个办公室，有一个或大或小的专业团队。在收费上当然比前两家便宜不少，质量上有上佳的，有中平的，也有令人遗憾的。企业拿不定主意选哪一家的时候，还是多听听财务顾问的意见吧，毕竟他们两方的沟通顺畅才是最重要的。

"审计师进场的同时，企业可以选择国内律师、国外律师和投资银行。选择律师是因为想到境外去上市，直接用国内公司的名义是不可以的，企业需要在境外注册一个控股公司。目前主流的方式是通过搭建VIE架构，使中国的企业可以绕过复杂的监管，顺利到海外上市。VIE架构（Variable Interest Equity，可变利益实体）是个法律概念，理解起来不太难，百度上有很多相关的信息，这里就不展开说啦。简单地说，对于很多企业，直接在海外设立一家公司，然后让这个空壳公司收购国内公司的股权，从而让国内这家公司上市是很有困难的。因此，聪明的律师们想出了这个主意，让海外新建的这个空壳公司，通过一系列的协议来控制国内的实体企业，而不是通常的通过股权来控制企业。

"找到律师之后,企业还可以利用这个时间找个CFO——首席财务官。很多国内企业之前已经有一个成熟的财务核算团队了,但是大部分企业的财务团队可能不太熟悉美国资本市场的游戏规则,不熟悉美国会计准则,不熟悉如何与投行打交道,也不太习惯用英语把公司的业务介绍得详细周全。CFO就是一个弥补国内财务团队以上弱点的职业经理人。请CFO的钱该花的时候还是不能心疼,一个好的CFO,可以让企业在资本市场上的形象更加自信,与投资人博弈之时更加从容,可以为企业赢得更多的尊重和资金。"

熊妈妈说道:"那咱酥园就你CFO了呗。"

6个月前

"6个月过去了,经过独立审计师审计的财务报表正式出炉。这是接下来管理层、律师和承销商正式讨论发行价格和其他上市事宜的基础。

——律师开始准备公司的招股说明书；
——准备其他证交机构要求提供的文件；
——管理层准备与机构投资者见面的路演资料和信息；
——准备初始登记文件；
——完成与企业上市相关的所有重组；
——回答美国证券交易委员会（SEC）提出的和财务及业务相关的问题。这一关好过也不好过，我见过的 SEC 有提了 30 多个问题的，这还算是问题少的；如果他们高兴，也可以提 100 多个问题。最近两年，因为中概股总出事，所以在 SEC 问了问题后，纽交所和纳斯达克还会继续问一轮问题。如果他们觉得这个公司不太靠谱，也可能既不问问题，也不回答问题，而是直接就把企业搁在那里。

"这是为什么啊？直接说不行不就完了？"

"那可不行，多有损于美利坚自由民主开放的基本国情啊。"

"幼稚!"熊妈妈愤愤地点评道。

7—9周前

"外国公司(注册为开曼公司)需要向证交会提交F1表格,并回答证交会就F1表格提出的任何问题。根据美国1933年证券法之规定,任何在美国证券市场交易的公司,均应先登记,再交易。F1表格即是表示企业正式向SEC递交申请要求上市的申请表。本国公司(注册为美国公司)递交的表格名字叫作S1,性质是一样的。"

3周前

"需要确定招股说明书的最终版本;该交的注册

费一定要在此期间交齐；会计师与主承销人准备与招股说明书有关之其他文件；组建承销团；提交 F6 表格；向纳斯达克或者纽交所市场提交初步申请。"（注：之前是向证交会提交申请，证交会批准之后，再向纽交所或纳斯达克市场提交申请。）

正式申请提交后的一段时间

"这段时间主要是企业用来准备路演的过程，路演类似于企业的宣讲会，企业的 CEO 或者 CFO（取决于 CEO 的英文水平和演讲能力怎么样）作为路演的主持人，向机构投资者展示本公司的实力和美好明天，回答来自投资者的各种问题。您看阿里巴巴的马云英语特别好吧，路演的时候跟演讲似的，又霸气、又自信、又专业，看得投资人眼睛里直冒小星星。"

PART 4　华山论剑

申请正式生效

"如果申请被证交会顺利批准,企业就算正式登陆美国资本市场了,下面还有很多杂事需要做,比如确定股票的价格,签订承销协议,开始正式的公开发行,等等。

"至此，酥园的海外控股公司——中国烘焙集团（这是我随便取的名字，您可以取个更加霸气的）就正式在纳斯达克或者纽交所IPO成功了。股票上市之后会发生什么，作为一个老股民，我相信您应该很清楚了，美国市场不设涨跌幅限制，如果企业的业绩好，概念吸引人，管理团队背景不错，主承销商能量强大，您就等着在家数钱吧。"

"中国烘焙集团好像有点不害臊。"熊妈妈自言自语道。

小熊听了哈哈一笑，道："名字也很重要，不过业绩不行，叫宇宙烘焙总公司也没用。IPO算是正途，其他的咱们前面也讲了一点。这个问题我是这么看的，IPO上市好比当年科举考进士，虽然过程很艰难，但是考上了就是硬碰硬的两榜出身，将来还有可能列土封疆；至于什么买壳乱七八糟的，有点像捐班世荫出身，也不是不行，但是走到哪儿都觉得矮别人半个头，实在是没什么必要。"

PART 4　华山论剑

上市公司的案头工作

"美国证交会对上市公司的信息监管名满天下,信息监管分为两个层次:第一个层次是普遍要求,所有上市公司均需要遵循;第二个层次是个别要求,只有满足了一定的条件才需要遵循。"

表格

"第一个层次的信息披露要求,主要说

的是上市公司需要申报递交的各种表格。我列举了几种最常见和最重要的，简单给您画一画，说一说。"（注：下表以将上市公司注册于开曼群岛为例，由于该公司为外国私人公司，因此使用10-K及10-Q系列表格。）

门规

"约束美国上市公司的法律之前一直是两部，看名字就知道前后脚制定的，一部叫作《1933年证券法》，另外一部叫作《1934年证券交易法》。这两部证券法是美国证券法历史上的第一部和第二部，是罗斯福总统在1929年经济大萧条之时为了恢复投资者信心、鼓励投资、规范市场而制定的法律。

"这两部法律针对的重点有所不同，《1933年证券法》主要针对证券的初次发行，《1934年证券交易法》则用来规范证券在发行之后的交易问题。

上市公司需要向美国证交会递交的各种表格

表格名称	表格含义（根据美国证交会定义）	申报时间
表格 S1、外国私人公司呈报 F1 表格	1）首次上市的企业需向证交会呈报的表格； 2）随表附有经过审计师审计的近两个会计年度的财务报表。	IPO 申报期内申报
表格 10-K	1）上市公司每年需要呈报的说明企业本财年经营成果及业绩的文件； 2）包括经过审计师审计的本年财务报表和用作对比的上一年财务报表； 3）包含企业管理者对企业本年经营的检讨和对下一年的预测及展望。	大型加速申报人：财年结束后 60 天申报 加速申报人：财年结束后 75 天申报 非加速申报人：财年结束后 90 天申报
表格 10-Q	1）上市公司每季度需要呈报的说明企业本财年经营成果及业绩的文件； 2）包括经过审计师审计的本季度财务报表和用作对比的上一年同期财务报表； 3）包含企业管理者对企业本季度经营的检讨和对下一季度的预测及展望。	大型加速申报人：季度结束后 40 天申报 加速申报人：季度结束后 40 天申报 非加速申报人：季度结束后 45 天申报
表格 8K	公司遇有重大事项，需要告知股东，比如公司发生了新的并购，公司更换了 CFO 或者审计师。	重大事件发生后 4 个工作日

注：大型加速申报人：市值在 7 亿美元以上；加速申报人：市值在 7,500 万美元以上；非加速申报人：市值在 7,500 万美元以下

"这两部法律颁布之后美国证券市场一直比较风平浪静,直至安然事件的出现。美国国会因此出台了又一部重头的证券交易领域的法律,这部法案因为两位提名者而赫赫有名,一位是美国众议院金融服务委员会主席奥克斯利,另一位是参议院银行委员会主席萨班斯,所以这部法案的诨名叫作《萨班斯—奥克斯

利法案》(简称《萨班斯法案》),叫来叫去,正式的名字反而没人叫了,它的正式名字是《2002年公众公司会计改革和投资者保护法案》。

"法案的主要内容都是围绕着保护上市公司投资者利益及预防上市公司舞弊与欺诈而制定的。法案本身很长,对上市公司具有直接影响的是其中的三个条款,即第302条款、第404条款和第906条款。"

知识链接

《萨班斯法案》第302条款

《萨班斯法案》第302条款:(摘自中国注册会计师协会翻译版)

(a) 对制定规章的要求——SEC应颁布规定,对于按照1934年的证券交易法的13(a)或15(d)部分编制定期报告的公司,应要求这些公司的首要官员(们)及首要财务官(们)(或担任同等职务的人员)在每一年度报告或季度报告中保证如下内容:

（1）签字的官员已审阅过该报告。

（2）该官员认为报告中不存在重大的错报、漏报。

（3）该官员认为报告中的会计报表及其他财务信息在所有重大方面，公允地反映了公司在该报告期末的财务状况及该报告期内的经营成果。

（4）签字官员：(A)对建立及保持内部控制负责。(B)设计了所需的内部控制，以保证这些官员能知道该公司及其并表子公司的所有重大信息，尤其是报告期内的重大信息。(C)评价公司的内部控制在签署报告前90天内的有效性。(D)在该定期报告中发布他们上述评价的结论。

（5）签字官员已向公司的审计师及董事会下属的审计委员会（或担任同等职务的人员）披露了如下内容：(A)内部控制的设计或执行中，对公司记录、处理、汇总及编报财务数据的功能产生负面影响的所有重大缺陷，以及向公司的审计师指出内部控制的重大缺点。(B) 在内部控制中担任重要职位的管理人员或其他雇员的欺诈行为,而不论该行为的影响是否重大。

(6) 签字官员应在报告中指明在他们对内部控制评价之后,内部控制是否发生了重大变化,或是其他可能对内部控制产生重要影响的因素,包括对内部控制的重大缺陷或重要缺点的更正措施。

(b) 公司迁址国外不影响本法案的效力——即使发行证券的公司通过再合并或其他交易使公司的注册地或办公地迁至国外,也不能减少本节规定的法律效力。本节规定对该公司依然适用,且全部适用。

(c) 最终期限——本节(a)部分的规定应在本法案颁布后30日内生效。

"总结起来说,第302条款对上市公司的CEO和CFO提出了更高的要求。作为上市公司的主要管理者，CEO 和 CFO 有责任和义务就公司财务报表的真实性和有效性发表确认的意见。对于广大的股民来说，信息的不对称和不完整是最大的风险，公司主要负责人的签字确认，对于中小投资者而言，也算是一个安慰。在接下来的第 906 条款里，主要讲的是如果 CEO 和 CFO 对公司的不实信息隐瞒不报，可以处 10 年以下有期徒刑，如果自身也牵扯了欺诈，则有可能处以 20 年以下的有期徒刑。鉴于在美国二级谋杀才有可能被判处 20 年有期徒刑，《萨班斯法案》的执行力度不可谓不强硬。

"第 404 条款是全法案的重中之重，该条款分成（a）和（b）两个部分，字数很少，只有寥寥的 247 个字，但是自 2002 年 7 月正式出台以来，多年间引得无数英雄竞折腰。

知识链接
《萨班斯法案》第 404 条款

《萨班斯法案》第 404 条款:（摘自中国注册

PART 4 华山论剑

会计师协会翻译版）

第 404 节　管理层对内部控制的评价

（a）内部控制方面的要求——SEC 应当相应地规定，要求按《1934 年证券交易法》第 13 节（a）或 15 节（d）编制的年度报告中包括内部控制报告，其中包括：

（1）强调公司管理层建立和维护内部控制系统及相应控制程序充分有效的责任；

（2）发行人管理层最近财政年度末对内部控制体系及控制程序有效性的评价。

（b）内部控制评价报告——对于本节（a）中要求的管理层对内部控制的评价，担任公司年报审计的会计公司应当对其进行测试和评价，并出具评价报告。上述评价和报告应当遵循委员会发布或认可的准则。上述评价过程不应当作为一项单独的业务。

"第404条款的两个部分分别对企业和独立审计师做出了要求,(a)部分主要强调的是企业的责任,企业有这个义务来建立和完善企业的内部控制,这些内部控制应该足以防范和保护财务报表的风险。(b)部分主要强调的是审计师的责任,审计师应该在对企业的现有内部控制的建立和实施的基础上进行独立检查,对该企业的内部控制运行的有效性发表意见。

"《萨班斯法案》对在美上市公司是一个比较严酷的考验。第一点,付出的成本很现实,企业一般没有专职的力量来Document(归档)本公司的内部控制以及Identify(辨认)风险,需要请专门的顾问公司提供协助。此外,公司归档的内部控制需要在年度审计的时候聘请审计师对此进行专门的审计,这部分的审计工作是单独收费的。

"第二点是遵循的过程比较痛苦,国外的中小企业怎么遵循我不清楚,但是就我所做过的中国的在美国上市的中小企业,对法案的遵循真是充满了苦痛。这些企业虽然业绩都还不错,但是就流程而言,还停留在比较原始的阶段，大部分的控制都是自发控制，只有几个最关键的地方才会有老板的审批，但是光有审批还不行，根据法案的要求，企业还要拿出正式的证据来证明这种审批，比如文件、电子邮件或正式的申请书。就我所看到的情况是，这些老板的审批大都是通过口头、纸条或者QQ。所以一切原有的，他们所习惯的管理方式都要连根拔起，破旧立新。这样的苦痛也的确只有当事人才能深解其味。

"对于企业而言，对《萨班斯法案》第404条款的遵循需要解决两个问题：

"第一，本企业已经建立了足够的内部控制来防范财务报表风险（控制设计的有效性）。

"第二，已经建立的这些控制在实际的生产运营中是有效的（控制执行的有效性）。

"解决第一个问题，就要首先对企业现存的控制进行一个总体了解，一般来说，都会用访谈和流程图的形式把企业现存的流程进行记录。

"在这个记录的基础上，企业聘请的顾问会根据对企业风险的评估来对现有的流程进行审阅，如果发现控制还不够，那么也会根据自己的专业经验，建议增加一些新的控制。这些工作解释了一个控制设计的有效性的问题。

"接下来的工作，是以每个单独的控制点作为工作的对象，设计相应的测试程序，加以适当的样本，来对这些控制点是否起作用进行测试，如果测试的结果是积极的，那么就解决了一个控制执行有效性的问题。

"顾问把上面这些工作成果归集成文档，待企业的独立审计师前来审计之时一并检查。如果检查通过，那么这家企业在形式上就算是遵循了《萨班斯法案》的第404条款。（注：关于风险管理、内部控制，以及萨班斯法案的遵循相关知识，请参见《牛角包一样的会计：风险管理和内部控制》。）

PART 4　华山论剑

"《萨班斯法案》的苛刻程度也有很现实的负面影响，很多质地不错的中小企业，因为《萨班斯法案》太过严厉和苛刻，而转投其他资本市场的怀抱。相对于美国市场而言，中国香港和英国都是不错的替代选择，比如英国的伦交所，在内部控制这个方面要求的比美国宽松得多；采用的是 principle base（原则性标准），而不是美国证券市场的 rule-base（法定标准）；在披露的力度上要小很多，审计师也不会专门就内部控制发表审计意见。

"鉴于投资人对资本市场的心理压力，自 2010 年开始，美国开始有声音响起，呼吁减轻乃至豁免中小企业遵循《萨班斯法案》的义务。虽然审计师和投资银行还是希望企业能够遵循该法案——他们在投资或者出具审计意见的时候，至少可以相信财务报表的准确性是有一定的控制措施来保障的。

"不过审计师和投资银行也要依靠活跃的资本市场才能生存，要是大家都不来美国上市了，想必这两种人的日子也不好过。打个比方，秀水市场面向社会招商,可能需要查一下商户的资信,很多商户嫌麻烦,干脆不来了。秀水市场的顾客和日常管理人员是希望多一层这样的检查的,因为这样可以增加一些他们对市场本身的信心,但是市场招商人员肯定和他们的想法相左。要是没有商铺入场,还会有顾客什么事吗?

"于是美国国会在2010年7月投票通过,由奥巴马总统签字生效了《金融交易改革法案》,与《萨班斯法案》不直接相关的内容就不多说了,对于《萨班斯法案》第404条款的要求,新出台的法案表示,对于非加速申报人(市值在7,500万美元以下),将永远豁免第404条款的(b)部分,即审计师需要对企业的内部控制进行审计。(a)部分保留,即企业的管理人员仍有责任归档企业的内部控制,完善控制环境。但是我的一个好朋友,一个很优秀的美国注册会计师,很坦白地反问我:'如果法律不要求我们审计了,你认为谁还会请你们去归档控制?'这句话当然令我有点沮丧,不过后来发生的故事结局总算还不错,我的好几家此次豁免的企业表示会继续严格要求自己,坚持把《萨班斯法案》进行到底。"

PART 4　华山论剑

// 曲终人不散，马快好上山 //

在熊市待了将近一个月，公司忽然有推脱不得的急事，小熊终于不得不暂时回牛市去了，最近和风险投资的谈判也遇到了为难之处，对方表现得很慷慨，对小熊要求的融资金额并没有过多问题，但是要求的回报却不太厚道，除去 45% 的股权之外，还有一个带对赌性质的条款，如果酥园在未来的一年间销售增长率达不到 30%，熊妈妈需要额外再支付 6% 的股权给风险投资公司（这样对方就取得了酥园的实际控制权）；但如果

销售增长率达到了 30%，风投愿意再将融资额度提高 40%。小熊心里很清楚，这全是因为风投公司对酥园的管理团队不是太有信心，毕竟目前的管理力量，在风投公司眼里，还是薄弱了一些。

眼前闪过秦琼笑嘻嘻的面孔，小熊心里忽然一阵厌烦，这么多天，为了多给酥园争取一点利益，他常常绞尽了脑汁，费尽了口舌。虽然酥园不是自己的事业，但是这么长的时间，这两个字里面有妈妈的努力和投入，也有自己的智慧和付出，他想多为它做一些事情。

临走前的一晚，小熊吃过晚饭就窝在房间里第 N 次地复算下一年的预算和成本。这时有人轻轻敲了敲门，熊妈妈举着一个桃子走了进来，桃子和熊妈妈的手上还滴着水。小熊抬起头，有些茫然地看了看妈妈，继续低头道："妈，我把这一版预算的数字再算一遍，然后咱们再碰碰，早上说的有一个地方想得不对，得重做。"

PART 4 华山论剑

熊妈妈"嗯"了一声,挨着小熊坐下来:"儿子,妈妈跟你商量个事?"

熊妈妈的语气难得地柔和,小熊忽然有点不习惯,不由得抬起头,并从妈妈的手上接过桃子。

"这件事妈妈想了好几天了,在心里翻来覆去地想。嗯,我不想要这个风险投资了。我想还是靠我们自己的力量来发展。"

小熊没说话,慢慢地嚼着嘴里的桃子。

"我之所以一直没敢说,也是觉得在这件事情上你投入了这么多精力和时间,说了怕你不开心。这几天我听你跟我讲你们谈判的事,顺利不顺利的先放在一边,我就想,这个店虽然小,但是也是咱们一天一天地养大的,就算我们不懂游戏规则,也不能随便一个外人来了,出了点钱,想把咱们怎么样就把咱们怎么样。虽然咱们需要钱,但是也不能要的这么委屈。这些天妈妈跟你学了不少的东西,虽然有些听着似懂非懂的，但是我现在特别有信心开始学习。之前妈妈有点懒惰了，觉得该享受生活了，这些日子我想明白了，我还不能歇着，我得再试试。你看怎么样？"

小熊的心里忽然一阵久违的轻松，谈判的艰难倒没什么，令他一直惴惴不安的是，这么大的一件事，他好像一直都在替妈妈做决定，一直都在推着妈妈向前走。之前，他一直觉得他是在帮妈妈，但是现在，他忽然觉得，自己也有可能是在帮倒忙。

他微微笑笑，站起身来对妈妈说："妈，您真是我妈，我把您诓到这个套里，最后还得让您把我解放出去。说句实话，我也不想跟他们谈了。这个生意，谈得窝心。"

当晚，小熊给秦琼写了一封电子邮件，坦诚地谈了自己和妈妈想法的转变，虽然这次没能合作成功，但是对于秦琼本人付出的努力和诚意他表示真心的感谢，也表示今后如果有更加合适的合作机会，他会多加珍惜。

PART 4 华山论剑

点了发送按钮的时候,小熊长长舒了一口气,当晚夜凉如水,小熊躺在床上想,虽然这次没有淘到金,至少也让妈妈对资本的运作有了些感性的认识,自己也多了些实战的经验,之前总是纸上谈兵,这次也算见识了资本家的邪恶和冷酷。一句话,不虚此行。

"算是一个不错的结局",这么想着,小熊满意地翻了一个身。

窗外月光不错,正宜快马加鞭,多走一程。